本书出版受到以下基金项目资助：2023年湖北省教育

助推技术创新和经济发展：理论与湖北实践"；2023年湖

研究项目"农村金融创新支持乡村振兴研究：基于农业全

国际金融危机对
中国贫困的影响研究

——兼论中国应对危机政策的减贫效果

桂立　著

武汉大学出版社

图书在版编目(CIP)数据

国际金融危机对中国贫困的影响研究:兼论中国应对危机政策的减贫效果/桂立著.—武汉:武汉大学出版社,2023.12
ISBN 978-7-307-23924-1

Ⅰ.国⋯　Ⅱ.桂⋯　Ⅲ.金融危机—影响—扶贫—研究—中国
Ⅳ.F126

中国国家版本馆 CIP 数据核字(2023)第 153499 号

责任编辑:唐　伟　　　责任校对:李孟潇　　　版式设计:马　佳

出版发行:**武汉大学出版社**　(430072　武昌　珞珈山)
(电子邮箱:cbs22@whu.edu.cn　网址:www.wdp.com.cn)
印刷:湖北云景数字印刷有限公司
开本:720×1000　1/16　印张:11　字数:177 千字　插页:1
版次:2023 年 12 月第 1 版　　2023 年 12 月第 1 次印刷
ISBN 978-7-307-23924-1　　定价:68.00 元

前　　言

改革开放以来，中国经济增长取得了举世瞩目的成就；与此同时，中国的反贫困事业也取得了非常丰硕的成果。联合国《2015 年千年发展目标报告》认为，中国是世界上减贫人口最多的国家，也是世界上率先完成联合国千年发展目标的国家，对全球减贫的贡献率超过 70%，为全球减贫事业作出了巨大贡献。中国大规模贫困人口的减少，主要集中在农村地区。中国的农村贫困人口从 1978 年的 2.5 亿人减少到 2015 年的 5575 万人；贫困发生率也从 1978 年的 31%，下降到 2015 年的 5.7%。但是，与农村贫困人口大幅下降不同的是，随着改革开放的深入推进，尤其是 20 世纪 90 年代以来，中国的城市贫困问题开始日益凸显。如果使用"最低生活保障"来度量城市贫困人口，中国在 1996 年的城镇贫困人口为 84.9 万人，2015 年的人数增长到 1382 万人。

贫困直接影响到人们生存的可能性，造成人际交往中的种种不体面，以及失去对未来的希望。此外，贫困还会产生放慢经济增长的功能性影响，也不利于社会稳定。因此，中国贫困问题仍然是学术界和决策层共同关注的重大问题。党的十八届五中全会提出，坚持共享发展，使全体人民在共建共享发展中有更多获得感，实施脱贫攻坚工程，实施精准扶贫、精准脱贫，分类扶持贫困家庭。"十三五"规划纲要进一步明确提出，到 2020 年，我国现行标准下农村贫困人口实现脱贫，贫困县全部摘帽，解决区域性整体贫困。

由美国次贷危机演变的国际金融危机，对世界经济产生了巨大的冲击，也对中国宏观经济产生了不利影响。同以往爆发的金融危机一样，国际金融危机也受到了经济学家、决策者和社会公众的格外重视。对于国际金融危机后果，大部分学者将注意力集中在危机对一国经济增长的沉重打击，研究测算累计产出的损失。在对整体经济构成负面影响的前提下，国际金融危机对不同收入群体的冲击存在明显差异，对贫困群体的打击更加猛烈。但是，在国际金融危机影响中国贫困这一重要问题上，国内学者的定性研究比较有限，更缺乏系统的定量研究。

在形成中国经济社会发展全面冲击的同时，国际金融危机也对中国贫困地区和贫困人口造成严重的影响，并给新时期的扶贫开发工作带来巨大挑战。那么，在对整体经济增长形成负面冲击的背景下，国际金融危机通过哪些渠道对我国的贫困产生影响，以及产生什么样的影响及其程度呢？其次，为了抵御金融危机的负面冲击，中国政府出台以"4万亿"投资为主的财政政策、以信贷扩张为主的宽松货币政策，以及产业振兴调整计划、就业政策和民生政策等会对贫困人口产生何种影响，是否有利于减少贫困？最后，旨在消除类似金融危机的内外部冲击对贫困人口的潜在、长期的负面影响，增强贫困人口抵御内外部冲击的能力，中国应当采取哪些政策措施？基于上述三个层面的问题，本书旨在就国际金融危机及其应对政策对中国贫困的影响进行系统的理论、实证和政策研究，为中国政府制定应对国际金融危机（或类似的内外部冲击）与减少贫困协调一致的宏观经济战略与政策提供一个新的思路和参考依据。

全书共分为六章。

第一章为导论。首先，主要说明本书的研究背景、学术价值和实践意义；其次，系统梳理国内外学者的研究文献，并进行简要评议；最后，界定本书的研究时间范围，提出本书的研究思路、主要内容与方法、主要观点与创新之处。

第二章梳理与回顾了金融危机与贫困的基础理论。金融危机部分，主要涉及金融危机的生成机理与传导机制的理论观点；贫困部分，主要包括贫困及其度量、贫困形成的理论观点，以及反贫困的政策主张。对金融危机与贫困的基础理论进行系统梳理与回顾，为本书的机制、实证和政策研究奠定理论基础。

第三章分析了国际金融危机及其影响中国贫困的渠道。在分析国际金融危机演变与归因的基础上，重点研究国际金融危机影响中国贫困的主要渠道，包括经济增长渠道、就业与工资渠道、国际贸易与资本流动渠道、价格调整渠道、政府公共支出渠道和社会环境渠道。

第四章实证考察了国际金融危机对中国减贫和贫困群体的影响。首先，以经济增长为渠道，分三步就国际金融危机对中国贫困人口收入的影响进行实证估计：第一步，通过国民收入核算方法，计算国际金融危机对中国经济增长的影响与冲击；第二步，运用省级面板数据，对经济增长与中国城镇贫困人口收入的长期均衡关系进行实证估计；第三步，根据第一、二步的计算结果，就国际金融危机对中国贫困人口收入的影响程度进行估算。其次，从就业和消费角度实证考察了金融危机对中国贫困群体带来的不利影响。一是从农民工和城镇居民就业两个层面，分析了国际金融危机对中国贫困群体就业的影响；二是考察了国际金融危机对中国贫困群体消费支出的影响。

第五章探讨了中国应对国际金融危机的各项政策及其减贫效应。包括财政政策、货币政策、产业政策、就业政策和民生政策。财政政策方面，重点分析与测算了"4 万亿"政府投资计划的减贫效应。货币政策方面，分别从信贷规模扩张和信贷结构调整两个方面的减贫效应进行了测算和分析。产业政策方面，为应对国际金融危机冲击，中国推出的十大产业振兴规划，经由就业、产业转移等渠道产生了短期和长期的减贫效果。就业和民生政策分别在保障农民工等就业困难人员的就业，以及在解决中国贫困群体温饱问题、养老问题、医疗问题等方面发挥了积极的作用。

第六章是研究结论与政策含义。在研究结论的基础上，提出应对国际金融危机（或类似的内外部冲击）与减少贫困协调一致的宏观经济战略与政策建议。短期推行保增长与减贫相结合的刺激政策，主要包括加大对贫困地区的投资建设，稳定和改善贫困群体的就业，以及加强贫困和低收入群体救助等。长期坚持以人为本和改革创新的发展战略，主要包括优化公共资源分配格局，合理引导资金配置与流向，加大城乡专项扶贫干预的力度，完善社会保障与救济制度，以及加快转变经济发展方式等。

目　　录

第一章　导　　论

第一节　研究背景与价值

一、研究背景

贫困问题是目前世界各国面临的最为严峻的挑战之一。虽然世界各国都在努力推动本国经济发展及造福本国人民，但是贫困问题仍然是当前世界各国发展无法回避的问题之一。从 20 世纪 70 年代开始，欧洲和第三世界国家就开始关注贫困问题：欧洲委员会在 1975—1980 年间发布了数量众多的国家反贫困报告；中国、印度和马来西亚等国家先后开展了大规模的反贫困行动。其后，针对第三世界贫困人口，联合国、世界银行、亚洲开发银行等国际组织也开始了一系列的援助行动。1992 年联合国大会，正式宣告 10 月 17 日为"国际消除贫困日"。世界银行进行一系列的机构调整，将反贫困作为自己的主要职责；亚洲开发银行在1999 年也郑重提出减少贫困是其董事会的根本宗旨。2000 年，在联合国千年首脑会议上，人们普遍认为，进入 21 世纪，贫困问题依然是目前世界各国面临的最为严峻的挑战。在此次峰会上通过的《联合国千年宣言》中提出了"千年发展目标"，也就是从 1990 年到 2015 年，将极端贫困人口人数减少一半，并要求全世界联合起来消除贫困，促进人类平等。

改革开放以来，中国经济增长取得了举世瞩目的成就；与此同时，中国的反贫困事业也取得了非常丰硕的成果。联合国《2015 年千年发展目标报告》认为，在全球减少贫困人口中，中国占的份额最大，减贫速度上中国也是在全球率先完成预期目标，对全球减贫的贡献率超过 70%，为全球减贫事业作出了巨大贡献。中国大规模贫困人口的减少，主要集中在农村地区。中国的农村贫困人口从 1978 年的 2.5 亿人减少到 2015 年的 5575 万人；贫困发生率也从 1978 年的 31%，下降到 2015 年的 5.7%。但是，与农村贫困人口大幅下降不同的是，随着改革开放向纵深发展，尤其是最近 20 年以来，贫困问题在中国的城市开始日益凸显。如果以"最低生活保障"作为判断城市贫困人口的标准，中国在 1996 年的城镇贫困人口为 84.9 万人，2015 年的人数增长到 1382 万人。

随着中国经济社会的快速发展，中国的贫困形式和成因也呈现出多元化趋势。农村贫困减少已经到了最困难的攻坚阶段，容易脱贫的早已经脱贫，剩余的贫困人口多是分布在自然条件恶劣和地理位置偏僻的地区，使得扶贫的难度越来越大。同时，城镇贫困也日益成为中国经济发展中的一个突出现象和严重问题。贫困直接影响到人们生存的可能性，造成人际交往中的种种不体面，以及失去对未来的希望。此外，贫困还会产生放慢经济增长的功能性影响，也不利于社会稳定。因此，中国贫困问题仍然是学术界和决策层共同关注的重大问题。党的十八届五中全会提出，坚持共享发展，使全体人民在共建共享发展中有更多获得感，实施精准扶贫与脱贫，实施脱贫攻坚工程，对贫困家庭进行分类扶持。"十三五"规划纲要进一步明确提出，到 2020 年，农村贫困人口在我国现行标准下实现脱贫，从根本上解决区域性整体贫困问题，所有的贫困县全部摘帽。

由美国次贷危机引发的国际金融危机，在形成中国经济社会发展全面冲击的同时，也对中国贫困地区和贫困人口造成严重的影响，并给新时期的扶贫开发工作带来巨大挑战。那么，在负面冲击整体经济增长的背景下，国际金融危机通过哪些渠道对我国的贫困产生影响，以及产生什么样的影响及其程度呢？其次，为了抵御金融危机的负面冲击，中国政府出台以 4 万亿元投资为主的财政政策、以信贷扩张为主的宽松货币政策，以及产业振兴调整计划、就业政策和民生政策等会对贫困人口产生何种影响，是否有利于减少贫困？最后，旨在消除类似金融危机的内外部冲击对贫困人口的潜在、长期的负面影响，增强贫困人口抵御内外部冲击的能力，中国应当采取哪些政策措施？基于上述三个层面的问题，本书旨在就国际金融危机及其应对政策对中国贫困的影响进行系统的理论、实证和政策研究，提出应对国际金融危机（或类似的内外部冲击）与减少贫困协调一致的宏观经济战略与政策建议。

二、研究价值

本书基于新的穷人视角，分析探讨国际金融危机对中国贫困的影响方向与程度，实证考察中国应对国际金融危机政策的实际减贫效果，并提出应对国际金融危机（或类似的内外部冲击）与减少贫困协调一致的宏观经济战略与政策建议，具有重要的学术价值和实践意义。

（一）学术价值

由美国次贷危机引发的国际金融危机，在形成中国经济社会发展全面冲击的同时，也对中国贫困地区和贫困人口造成严重的影响，并给新时期的扶贫开发工作带来巨大挑战。那么，在负面冲击整体经济增长的背景下，国际金融危机通过哪些渠道对我国的贫困产生影响，以及产生什么样的影响及其程度呢？本书从新的穷人视角，理论探讨国际金融危机对中国贫困的影响渠道与方向，实证考察国际金融危机对中国贫困的影响程度，将有利于推进相关领域的理论研究进展，并提供典型的中国经验证据，具有重要的学术价值。

（二）实践意义

在全球经济一体化的背景下，国际金融危机在对经济增长形成负面冲击的同时，对一国的贫困也将产生深远的影响，加大减贫工作的复杂性和难度。本书系统研究国际金融危机影响中国贫困的渠道、方向和力度，全面评估中国应对国际金融危机政策的减贫效果；在此基础上，针对国际金融危机或类似的内外部冲击，提出减少贫困与应对危机协调一致的宏观经济战略和政策建议，将有利于新时期我国继续稳步推进扶贫工作，从容面对国际金融危机或类似的内外部冲击，实现预期的减贫目标，具有重要的实践意义。

第二节　国内外研究述评

长期以来，金融危机受到了经济学家、决策者和社会公众的格外重视。大量的研究文献对金融危机的成因、传导机制和后果进行了深入探讨。就其后果而言，人们普遍将注意力投向危机对一国经济增长的沉重打击，并计算危机所造成的累积产出损失。最近十多年来，从穷人的视角，国内外学者开始关注金融危机对发展中国家的贫困和收入分配状况产生的重要影响。

一、理论研究

发展中或转型中经济比较容易发生金融危机，20世纪80年代的拉美债务危机、90年代的亚洲金融危机就是典型的例证。金融危机及其后的政策反应，通过多种渠道对一国的贫困和收入分配状况产生影响。

（1）严重的经济衰退。与金融危机相伴的是，一国的经济衰退。根据金融危机发生国家的数据，Caprio（1997）研究发现，以金融危机为分界线，前5年危机国家GDP平均增长率为3.2%，后5年危机国家GDP平均增长率降为2.0%。[1]对18个发展中国家的经济增长和贫困，Fields（1989）研究发现，其中的17个国家的GDP增长都减少了贫困，而且更快GDP增长会在更大程度上减缓贫困。[2]Michael Roemer和Mary Kay Gugerty（1997）选取26个发展中国家进行实证研究发现，无论从最穷的40%人口，还是最穷的20%人口来看，经济增长都提高了他们的收入水平，而且近乎1∶1的比例提高。[3]以收入最低的20%人口作为穷人的标准，Dollar和Kraay（2002）研究发现，在经济增长过程中，穷人的收入也会随GDP同步增长；并且，这种同步不受一国经济周期和国家的不同特征而受到影响。[4]所以，在金融危机冲击下，一国的经济衰退将恶化其国内的贫困状况。

（2）劳动需求的减少。金融危机发生后，政府紧缩的宏观政策反应将造成社

---

① Caprio G. Safe and Sound Banking in Developing Countries：We Are Not in KansasAnymore. The World Bank Policy Research Paper, 1997.

② Fields, Gary. Changes in Poverty and Inequality in Developing Countries. The World Bank Research Observer, 1989, 4-2：167-182.

③ Michael Roemer, Mary Kay Gugerty. Dose Economic Growth reduce Poverty. USAID under the Consulting Assistance on Economic Reform（CAER）II project, contract PCE-0405-Q-00-5016-00, 1997.

④ Dollar, David, Aart Kraay. Growth is Good for the Poor. Journal of Economic Growth, 2002, 4：239-276.

会总需求的减少，进而使劳动力市场劳动需求的下降，劳动需求与供给的失衡，导致劳动力市场失业的增加。在金融危机期间，根据 Agénor（2001）提出的劳动力贮藏（labor hoarding）理论，正式部门不会解雇教育程度高、工作经验丰富的劳动者，因为企业过去为他们提供了较高的人力资本投资；而是解雇那些教育程度不高、工作经验不太丰富的劳动者（通常是穷人），被解雇那些教育程度不高、工作经验不太丰富劳动者只有在收入水平较低、工作条件较差的非正式部门工作。① 例如，在亚洲金融危机期间，1997 年 4 月—1998 年 5 月，泰国的失业率由 2.1%增至 5.3%；1997 年 7 月—1999 年 4 月，韩国的失业率则由 2%飙升至 8%。在马来西亚和印度尼西亚，在工资水平大幅下降的同时，大量教育程度不高、工作经验不太丰富的劳动力被正式部门解雇后，进入收入水平较低、工作条件较差的非正式部门就业（Manuelyan and Michael，1998）。②

（3）商品相对价格的变化。金融危机发生后，一国政府通常会主动采取汇率贬值、贸易自由化等一系列政策措施，以使国内经济摆脱危机，尽快走向经济复苏。上述一系列政策措施会导致国内与出口商品和服务的相对价格变化。Sahn 等（1997）认为，在汇率贬值的影响下，与国内商品与服务相较，出口商品与服务的价格将大幅上升；所以，出口商品与服务的净生产企业将获得好处，国内商品与服务净生产企业将受到损失。其次，在汇率贬值、贸易自由化共同作用下，一国商品与服务出口出现大幅增长，出口商品与服务生产部门的就业数量和质量增加，而穷人因低教育程度和工作技能却无法进入这些高收入部门就业。③ 最后，在汇率贬值的作用下，Lipton 和 Ravallion（1995）指出，国外进口的粮食价格上升，受商品比价效应国内生产的粮食价格随之上涨。于是，因为自身不生产粮食，作为粮食的净需求者，城市的贫困家庭将受到严重的负面冲击。④

---

① Agénor, Pierre-Richard. Business Cycles, Economic Crises, and the Poor: Testing for Asymmetric Effects. World Bank Working Paper No. 2700, October 2001.

② Manuelyan A tinc, Tamar, Michael Walton. Social Consequences of the East Asian Financial Crisis. Washington D. C.: World Bank, 1998. (See http://www.worldbank.org/poverty).

③ Sahn, David, Paul Dorosh, Stephen Younger. Structural Adjustment Reconsidered: Economic Policy and Poverty in Africa. Cambridge: Cambridge University Press, 1997.

④ Lipton, Michael, Martin Ravallion. Poverty and Policy//J. Behrman, T. N. Srinivasan. Handbook of Development Economics, Vol. III. Amsterdam: Elsevier Publishers, 1995.

（4）公共支出的削减。金融危机发生后，因经济不景气政府财政收入会下降。为保持财政收支平衡，政府会减少公共投资和公共支出。其中，在公共支出的削减的过程中，因为相对于富人，穷人更加依靠财政转移支付和公共支出增加商品和劳务消费，所以受到更大的伤害。例如，在智利，占人口40%的穷人，总体上只是获得12%的社会总收入份额，但享有的财政转移支付超过全社会的20%比例，享受的公共服务超过全社会的50%份额；在这种情形下，在1981—1986年期间，受金融危机冲击智利的人均公共支出减少了20%，不难想象穷人因此受到更大的伤害与不利冲击（Bourguignon and Morrisson，1992）。①

（5）剧烈的通货膨胀。金融危机期间，剧烈的通货膨胀也会对一国或地区的收入不平等与贫困产生影响。金融危机发生后，Datt 和 Ravallion（1998）研究认为，在剧烈的通货膨胀条件下，相对于富人，穷人受到的负面打击更加猛烈。②因为发展中国家股票、房地产市场等投资市场存在较高的投资门槛，穷人无法进入这些市场进行投资，所以，穷人主要以存款、现金等货币资产形式保持自己的财富。从本质上讲，通货膨胀恰好是对货币资产征税，穷人因为持有更高比例的货币资产，相对于富人受到剧烈通货膨胀的打击更大。此外，在剧烈的通货膨胀过程中，名义工资水平难以跟上通胀的步伐，于是实际工资就会下降。因为穷人除工资收入外，没有其他的收入来源渠道，所以，相对于富人，穷人受到由通胀导入的实际工资下降的负面冲击更大。

（6）社会环境的恶化。金融危机期间，除了个人或家庭外，整个国家和社会也会遭受巨大冲击与不利影响。Ferreira 等（1999）认为，与金融危机相伴，一国在出现国民经济下滑、物价上涨、失业率上升、贫困率上升的同时，经济不景气条件下的宗教问题、民族问题和移民问题会更加突出，这些问题的集中暴发就可能引发社会动荡或社会暴乱。③ 例如，在1997年印度尼西亚金融危机期间就

① Bourguignon, Francois, Christian Morrisson. Adjustment and Equity in Developing Countries. Development Studies Centre, Paris: OECD, 1992.

② Datt, Gaurav, Martin Ravallion. Why Have Some Indian States Done Better than Others at Reducing Rural Poverty. Economica, 1998, 65: 17-38.

③ Ferreira, Francisco, Giovanna Prennushi, Martin Ravallion. Protecting the Poor from Macroeconomic Shocks: An Agenda for Action in a Crisis and Beyond. World Bank Working Paper No. 2160, August 1999.

出现了社会动荡或社会暴乱，1998 年俄罗斯金融危机也有类似现象。此外，危机期间政府在公共卫生医疗支出的减少，也会对发展中国家原本较差的健康条件与公共卫生状况产生不利影响，进一步恶化了社会环境。例如，在 20 世纪 80 年代，危机期间政府健康与公共卫生的支出减少，直接导致了拉美国家的霍乱流行。显然，在危机期间，相对于富人而言，社会环境恶化使穷人的处境更加"雪上加霜"。

二、实证研究

主要在宏观、微观两个层面，国外学者对金融危机影响一国收入不平等与贫困，以及影响程度进行研究与评估。运用危机发生国家的宏观跨国数据，建立实证模型，宏观层面的研究对金融危机与收入不平等贫困、贫困之间的经验关系进行实证估计。微观方面的研究，利用个人与家庭的微观调查数据，考察金融危机通过哪些渠道影响贫困与收入分配，以及其影响深度。

（一）宏观层面的实证研究

对拉丁美洲、亚洲金融危机后，一国收入不平等、贫困程度变化估计，Lustig（2000）研究发现，在拉丁美洲国家前后发生的 20 多次金融危机中，不幸的是，所有危机无一例外地拓展了贫困范围，扩大了贫困缺口，并且，15 次金融危机拉大了收入不平等。[①] 1997 年亚洲金融危机的情况与此类似，也在扩大收入不平等的同时，加重了一国的贫困程度。例如，在亚洲金融危机的冲击下，1996—1999 年印度尼西亚总体贫困率上升 60%，1997—1998 年，韩国的城市贫困率也更是上升 110%。

运用 20 世纪 60 年代以后 65 次发展中国家发生的金融危机的实际数据，Baldacci 等（2002）的初步统计分析表明，在金融危机的冲击下，样本国家物价指数平均呈现高达 62% 的奔腾式通货膨胀，人均国民收入平均以−1.6% 的速度减少，就业率平均以−1.1% 的速度下降。此外，样本国家在教育、医疗和卫生方面的政府转移支付也大幅减少。在这些因素的综合作用下，样本国家基尼系数虽极

---

① Lustig, Nora. Crises and the Poor: Socially Responsible Macroeconomics. Economical, Fall 2000.

其微弱地上升了 0.22%，但样本国家平均的贫困率增加了 14.76%。[1] 进一步，他们研究发现，金融危机发生后，样本国家 60%～70% 的贫困与不平等指数的变化，可以归因于经济增长的下滑，正式部门失业率的上升，在健康、教育方面政府支出的下降，以及通货膨胀率的不断攀升。

对 25 个非转型的发展中国家金融危机对贫困与收入分配的影响研究，Honohan（2005）发现，危机发生后各国收入不平等有上升的，也有下降的，虽然平均趋势是上升，但是上升幅度仅为 0.02% 左右，极其微小可以忽略。[2] 在 25 个非转型国家中，金融危机发生后，拉美国家基尼系数几乎都是上升的，而亚洲、非洲国家基尼系数一般是下降的。此外，他们的研究还发现，一国腐败指数与基尼系数的向好存在正向联系；金融危机发生后，腐败行为的受益者丧失了一部分寻租机会与利益，是一个可能的重要原因。

在 2008 年国际金融危机对贫困影响的研究中，根据 Ravallion 和 Chen（2009）的预测结果，如果以每天 1.25 美元标准的国际贫困线估算，在国际金融危机的冲击下，2009 年全球贫困人口新增 5300 万人，2010 年新增 7300 万人；但是，如果以每天 2 美元标准的国际贫困线估算，在国际金融危机的冲击下，2009 年、2010 年全球贫困人口新增数在原来 1.25 美元的基础上再分别增加 1100 万、1800 万。[3] 在 2008 年国际金融危机冲击下，World Bank（2011）的研究发现，不论亚美尼亚的经济增长，还是贫困状况都受到重创与打击；2009 年、2010 年亚美尼亚经济增长分别以 −8%、−2% 的速度锐减；与此同时，2009 年、2010 年亚美尼亚分别新增贫困人口 14.9 万和 3.1 万。[4]

（二）微观层面的实证研究

在 1998 年俄罗斯金融危机影响贫困、收入不平等影响的估计中，Lokshin 和

---

[1]　Emanuele Baldacci, Luiz de Mello, Gabriela Inchauste. Financial Crises, Poverty, and Income Distribution. IMF Working Paper, WP/02/4, January 2002.

[2]　Patrick Honohan. Banking Sector Crises and Inequality. Word Bank Policy Research Working Paper, WPS3659, July 2005.

[3]　Martin Ravallion, Shaohua Chen. The Impact of the Global Financial Crisis on the World's Poorest. http://www.voxeu.org/index.php? q=node/3520, April 2009.

[4]　World Bank. Armenia: Poverty Update Using Revised Poverty Lines. World Bank Other Operational Studies 2804, The World Bank, 2011.

Ravallion（2000）研究表明，金融危机期间，俄罗斯家庭平均支出减少了大约1/5，从支出角度定义的贫困发生率由1/5，上升至1/3。但是，从收入角度来定义，贫困发生率的增速会有所下降，表明危机期间出于谨慎预防动机，支出下降的速度要高于收入下降的速度。另一方面，俄罗斯收入不平等指数则有所下降，支出角度的基尼系数从0.44减少到0.42，下降2个百分点；收入角度的基尼系数更是从0.48减少到0.42，下降了6个百分点。① 相对于支出角度的基尼系数，收入角度的基尼系数降幅更大一些。所以，在贫困人口总数和贫困发生率都在增加的同时，金融危机期间俄罗斯贫困人口支出与收入份额却也在增加。

对1994—1995年墨西哥金融危机造成的贫困、收入分配影响研究，Baldacci等（2002）运用14042个代表性家庭的翔实调查数据统计发现，金融危机发生后，墨西哥平均贫困发生率大幅上升，平均贫困程度与缺口也大大加重；从支出角度定义，极端贫困人口占总人口比例从11%上升到17%，也就是每6个人就有1个极端贫困人口；中等贫困人口占总人口的比例也由36%上升到48%，也就是每2个人就有1个中等贫困人口。并且，与金融危机发生前相比，在受教育程度、生活地区与环境，以及家庭成员结构等方面，危机期间贫困群体基本的特征并没有发生明显的改变。

运用典型家庭的调查数据，考察1997—1999年印度尼西亚金融危机危机期间贫困、收入不平等状况的变化，Strauss等（2004）研究发现，虽然基尼系数有所降低，但是绝对贫困率由大约15%迅速攀升至33%。并且，食品价格更多更快地上涨，汇率大幅波动等商品与金融资产价格的剧烈变化，以及政府提供的公共服务数量质量的恶化，是贫困和基尼系数变化的重要诱因。此外，在印度尼西亚，金融危机引发的社会骚乱、政治动荡、社会环境恶化，以及由此导致的普遍的商业交易失败也产生了重要的负面影响。②

对2008年国际金融危机对柬埔寨贫困状况的影响研究，Tong Kimsun（2013）运用柬埔寨9个乡村地区的住户数据，基于随机性人口模型的估算，实证考察了金融危机期柬埔寨贫困状况的变化，研究发现：柬埔寨乡村地区受到国

---

① Lokshin, Michael, Martin Ravallion. Welfare Impacts of Russia's 1998 Financial Crisis and the Response of the Public Safety Net. Economics of Transition, 2000, 8（2）: 269-295.

② Strauss, John et al. Indonesian Living Standards: Before and After the Financial Crisis, (Singapore: Institute of Southeast Asian Studies), 2004.

际金融危机的严重冲击，贫困发生率由37%上升到44%。①

三、国内学者的研究

在全球经济一体化的背景下，美国的次贷危机逐步升级为国际金融危机，并不断地冲击着全球经济。通过国际贸易与资本流动等渠道，国际金融危机也对中国经济形成了不利影响。在国际金融危机的成因、对中国经济的影响及政策应对等方面，国内学者进行了比较系统的研究。

中国经济增长与宏观稳定课题组（2009）对国际金融危机成因、中国政策反应及复苏条件进行了系统探讨。研究认为，2008年国际金融危机的本质归因是全球经济结构失衡，能否解决好全球经济结构失衡问题，是决定未来国际金融危机是否重演的关键所在。就中国能否走出国际金融危机的负面冲击而言，中国虽然具备一些宏观经济优势与政策条件；但是，如何增强中国经济的弹性和市场机制的决定作用，保证政策效应的可持续性，并使政府投资发挥更大的带动作用则显得更为关键。一方面不能过度迷信市场的功能和效力，如市场原教旨主义的"市场万能论"；另一方面也不能否定市场的基本规律与重要价值，误读"社会主义拯救华尔街"。②

将危机作为随机冲击因素，欧阳志刚、史焕平（2010）估算了国际金融危机对中国经济增长、稳定的短期与长期效应。他们的研究表明，在国际金融危机的负面影响下，2009年第一季度中国经济的需求冲击为-1.85，中国经济的供给冲击为-0.15，需求冲击和供给冲击均为负值，在放慢中国经济增长速度的同时，也拉低了中国的物价指数。2009年第二季度我国经济增长触底反弹，GDP增速达到7.9%，经济实现复苏；经济复苏的主要原因是正向需求冲击，由此意味着复苏过程中供给因素的成分相对较低，也隐含着我国的复苏过程还不够稳健。对中国经济产出而言，从短期看需求冲击具有正向"驼峰"效应，从长期看供给冲击具有正向持久效应。也就是说，从短期看，主要依靠拉动总需求促进中国经济

① Tong Kimsun. Impact of the Global Financial Crisis on Poverty: Evidence from Nine Villages in Cambodia. CDRI Working Paper Series No. 75, 2013.

② 中国经济增长与宏观稳定课题组：《全球失衡、金融危机与中国经济的复苏》，《经济研究》2009年第5期，第4~20页。

增长，从长期看，主要依靠刺激总供给促进中国经济增长。因此，为实现中国经济的长期稳定增长，我国的宏观调控政策重点是通过供给侧改革，提高有效供给的能力与质量，促进技术进步和产业结构调整升级；在此基础上，适度扩大总需求。①

孙翊、王铮（2010）构建了实证模型，分区域、分产业分析中国应对全球金融危机而实施的大规模投资政策的影响。他们构建了一个包含8个产业部门和8个区域的中国多区域可计算一般均衡宏观经济模型，并提出了相应的政策模拟器，系统模拟典型的分部门投资政策情景。研究发现，如果政策的目标是扩大内需，那么对重工业部门的投资需要保持谨慎态度，而对轻工业、农业和建筑业的投资需要优先考虑。如果投资政策的目标是促进增长，那么农业、采选业和商业运输业是下一步的投资重点。如果政策目标是保障就业，那么农业、电力蒸汽业和其他服务业是投资重点。②

李猛（2009）则将金融部门加入可计算一般均衡模型，通过简单的动态化，分析了增加公共消费的财政政策、增加公共投资的财政政策对我国经济恢复的贡献。研究表明，增加公共消费支出产生的积极的经济效果，在挤出效应的作用下，被净出口下降和私人投资减少所部分抵消。与公共消费支出不同，公共投资增加在提高经济体的资本存量的同时，促进总供给增加，对生产率的提升也产生正向影响；同时，总产出增加还能提升居民的收入水平，扩大私人消费支出和增加居民储蓄，国内价格和汇率相对下降，导致部门扩张。③

以2008年全球金融危机为研究背景，张学勇、薛志宏（2014）从公司层面研究公司微观特征对于公司在金融危机中表现的影响。研究发现：就金融危机冲击作用而言，行业特征、公司偿债能力，尤其是短期偿债能力，对于公司的表现有显著的影响，而且危机前扩张速度快、估值水平高的公司更容易受到危机的负面冲击。就政策效果而言，货币政策没有起到纾缓公司流动性困难和财务困境的

① 欧阳志刚、史焕平：《中国经济增长与通胀的随机冲击效应》，《经济研究》2010年第7期，第68~78页。

② 孙翊、王铮：《后危机时代中国财政政策的选择——部门投资政策影响建模与分析》，《财经研究》2010年第3期，第4~13页。

③ 李猛：《金融危机下中国经济系统的内外部冲击影响——基于虚实两部门一般均衡模型的研究及模拟测算》，《财经研究》2009年第10期，第134~143页。

作用；对其重点支持的行业而言，4 万亿财政政策也仅在短期内起到了显著的积极作用，但就长期而言没有达到预期的政策效果。①

基于现有潜在产出测算依托的三大特征——全方位的市场有效论、产出的供给决定论与经济的长期均衡论，刘元春、杨丹丹（2016）分析了危机中市场的失灵、逆萨伊定律的存在与有效需求的长期不足如何导致了潜在产出测算的失灵，并研究了发展中国家政府干预的大规模存在、供给面核算的特殊性及制度变迁的频繁性如何造成起源于发达国家的潜在产出测算方法的不适用性。最后，针对不满足传统潜在产出测算基础的市场失灵、金融泡沫化与经济停滞时期，提出了潜在产出测算的改良与突破思路。②

四、简要评议

从宏观、微观层面，从经济衰退、劳动需求、相对价格、公共支出、通货膨胀和社会环境等方面，从理论和实证角度，国外学者探讨了金融危机影响贫困的渠道、方向和程度。但是，如何构建相应的模型将这些方面的影响集成一个综合的影响，尚有待进一步深入研究。尽管这样，通过国外学者的相关研究，使人们更加全面地了解金融危机及其对贫困人口的冲击与影响，并为本书对国际金融危机影响中国贫困的研究提供了一个科学可行的思路和方法参考。

国内学者的相关研究，主要侧重于国际金融危机及其应对政策对中国宏观经济的总体影响。在对中国经济产生全面的负面冲击的背景下，对不同收入群体国际金融危机的冲击并不完全一致，相对于富裕群体，金融危机对中国城乡贫困人口的打击更加猛烈。但是，在国际金融危机通过哪些渠道影响中国贫困，以及影响程度如何这些重要问题上，国内学者的研究比较零散且不足，尤其缺乏系统理论与实证研究。基于穷人的视角，本书旨在就国际金融危机及其应对政策对中国贫困的影响进行系统的理论、实证研究，并为中国政府提出应对国际金融危机（或类似的内外部冲击）与减少贫困协调一致的宏观经济战略与政策建议。

---

① 张学勇、薛志宏：《金融危机、公司特征及调控政策效果——来自中国上市公司的证据》，《经济学动态》，2014 年第 5 期，第 84~95 页。

② 刘元春、杨丹丹：《市场失灵、金融危机与现有潜在产出测算的局限》，《经济学动态》2016 年第 8 期，第 4~12 页。

第三节　研究时间范围的界定

本书旨在就国际金融危机及其应对政策对中国贫困的影响进行系统的理论、实证和政策研究。其中一个关键问题是，在中国的经济增长和贫困方面，国际金融危机，以及中国应对危机政策的影响究竟持续了多久的时间？并据此对本书的研究进行一个科学而准确的时间范围界定。事实上，在国际金融危机及其应对政策对中国贫困的影响方面，目前没有科学合理的方法来衡量它们影响时间的长度。对于国际金融危机的作用时间长度，只能是从某些基础宏观经济指标来进行估计；对于中国应对政策的作用时间长度，主要根据政策的时滞效应作出判断。所以，综合考虑金融危机期间中国宏观经济的具体表现，以及财政政策与货币政策的时滞效应，本书将研究时间范围界定为2008—2011年，主要理由如下：

其一，从国际金融危机影响中国贫困层面看，经济增速放慢和失业率上升是国际金融危机影响中国贫困的主要渠道。在金融危机冲击下，净出口锐减是放慢中国经济增长的主导力量。金融危机发生后，2008—2011年，中国净出口贸易分别增长3%、-36%、-8%、-18%，但是，2012年中国净出口贸易出现44%的高增长，2013年以11%的增速持续增长，2014年中国净出口贸易额已大大超过危机前的水平。另一方面，在金融危机冲击下，2007年中国城镇登记失业率为4.0%，2008年上升至4.2%，2009年进一步攀升至4.3%，其后稳定在4.1%；类似的情况也出现在外出农民工就业市场，2010年以后，受金融危机冲击返乡农民工又重新回到城市，找到了新的就业岗位。综合考虑以上两个方面，通过增长、就业主要渠道，国际金融危机对中国贫困产生不利影响主要发生在2008—2011年，所以，本书将研究时间范围界定为2008—2011年是合理的。

其二，从中国应对危机政策影响中国贫困层面看，以4万亿投资为主的财政政策、以信贷扩张为主的宽松货币政策是主要渠道。按照既定的计划，4万亿投资主要在2009年、2010年分期投入。即使考虑到投资从决策到实施，以及项目建设工期、产品需求传导等因素的影响，会出现"时滞效应"，也就是说4万亿投资对GDP的拉动作用不只是存在于2009年、2010年，而是延续到后面几年才能发挥完全部作用；但是，2011年以后，4万亿投资的作用力度就比较小，对中国经济增长和贫困减少的影响也就比较有限。就扩张的货币政策而言，为了应对国际金融危机对中国经济的影响，2008 年 9 月至 2008 年 12 月的 3 个多月的时间里，通过连续 5 次下调存贷款利率，中央银行将一年期贷款基准利率累计下调 2.16%，将一年期存款基准利率累计下调 1.89%；与此几乎同步，央行也连续 4 次下调中小金融机构人民币存款准备金率，累计 3.5 个百分点，连续 3 次下调大型金融机构人民币存款准备金率，累计 2 个百分点。但是，2009 年全年，央行并没有对存贷款基准利率、法定存款准备率作出任何调整；并且，从 2010 年开始宽松的货币政策开始转向，央行连续 5 次上调存贷款基准利率，连续 9 次上调中小金融机构人民币存款准备金率，连续 12 次上调大型金融机构人民币存款准备金率。即使考虑到货币政策的时滞效应，2011 年以后，扩张的货币政策及其增长与减贫效应不再。所以，综合考虑中国应对危机的财政、货币政策，本书将研究时间范围界定为 2008—2011 年也是合理的。

问题是，如果说国际金融危机，以及中国应对危机的政策，对中国贫困的影响与作用主要发生在 2008—2011 年；那么，如何解释 2012 年以来中国经济的持续下滑，由 10% 左右的高速增长转为 6%~7% 的中高速增长。对于这个问题，本书认为，2012—2016 年中国经济的持续下滑，主要归因有二，一是 2012 年以来，国内经济进入新常态，受到经济增速换挡、结构调整阵痛、动能转换困难相互交织的影响；二是危机期间采取的经济刺激计划的正面作用只是持续到 2011 年，2012 年以后，中国应对危机的政策已经没有多少积极效果。从这个意义上讲，2012—2016 年经济增长大幅放慢，恰好说明本书将研究时间范围界定为 2008—2011 年是合理的。也就是说，如果将研究时间范围扩展到 2016 年，那么，本书将不可避免地过高估计国际金融对中国贫困的冲击，对中国应对危机政策的减贫效果也难以作出客观评估。

第四节 研究思路、主要内容与方法

一、研究思路

本书的研究思路是：国际金融危机的冲击——→中国应对危机的政策——→国际

金融危机影响中国贫困的效应——中国应对危机政策的减贫效果评估——中国应对国际金融危机与减少贫困协调一致的宏观经济政策选择。具体流程图见图 1-1。

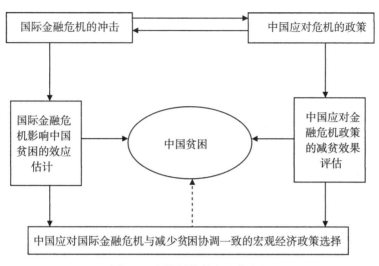

图 1-1 本课题的研究思路流程

二、主要内容

全书共分为六章。

第一章为导论。主要说明本书的研究背景、学术价值和实践意义；其次，系统梳理国内外学者的研究文献，并进行简要评议；最后，界定本书的研究时间范围，提出本书的研究思路、主要内容与方法，主要观点与创新之处。

第二章梳理与回顾了金融危机与贫困的基础理论。金融危机部分，主要涉及金融危机的生成机理与传导机制的理论观点；贫困部分，主要包括贫困及其度量、贫困形成的理论观点，以及反贫困的政策主张。对金融危机与贫困的基础理论进行系统梳理与回顾，为本书的机制、实证和政策研究奠定理论基础。

第三章分析了国际金融危机及其影响中国贫困的渠道。在分析国际金融危机演变与归因的基础上；重点研究国际金融危机影响中国贫困的主要渠道，包括经济增长渠道、就业与工资渠道、国际贸易与资本流动渠道、价格调整渠道、政府公共支出渠道和社会环境渠道。

第四章实证考察了国际金融危机对中国减贫和贫困群体的影响。首先，以经济增长为渠道，分三步就国际金融危机对中国贫困人口收入的影响进行实证估计：第一步，通过国民收入核算方法，计算国际金融危机对中国经济增长的影响与冲击；第二步，运用省级面板数据，对经济增长与中国城镇贫困人口收入的长期均衡关系进行实证估计；第三步，根据第一、二步的计算结果，就国际金融危机对中国贫困人口收入的影响程度进行估算。其次，从就业和消费角度实证考察了金融危机对中国贫困群体带来的不利影响。一是从农民工和城镇居民就业两个层面，分析了国际金融危机对中国贫困群体就业的影响；二是考察了国际金融危机对中国贫困群体消费支出的影响。

第五章探讨了中国应对国际金融危机的各项政策及其减贫效应。包括财政政策、货币政策、产业政策、就业政策和民生政策。财政政策方面，重点分析与测算了"4万亿"政府投资计划的减贫效应。货币政策方面，分别从信贷规模扩张和信贷结构调整两个方面的减贫效应进行了测算和分析。产业政策方面，为应对国际金融危机冲击，中国推出的十大产业振兴规划，经由就业、产业转移等渠道产生了短期和长期的减贫效果。就业和民生政策分别在保障农民工等就业困难人员的就业，以及在解决中国贫困群体温饱问题、养老问题、医疗问题等方面发挥了积极的作用。

第六章是研究结论与政策含义。在研究结论的基础上，提出应对国际金融危机（或类似的内外部冲击）与减少贫困协调一致的宏观经济战略与政策建议。短期推行保增长与减贫相结合的刺激政策，主要包括加大对贫困地区的投资建设，稳定和改善贫困群体的就业，以及加强贫困和低收入群体救助等。长期坚持以人为本和改革创新的发展战略，主要包括优化公共资源分配格局，合理引导资金配置与流向，加大城乡专项扶贫干预的力度，完善社会保障与救济制度，以及加快转变经济发展方式等。

三、研究方法

第一，运用经济统计方法、经济计量方法，研究国际金融危机对中国贫困人口收入造成的影响，以及中国应对金融危机的政策的减贫效果。运用经济统计的基本知识、方法处理和分析大量的全国性的、区域性的，以及各省的主要变量数据。其次，采用 Pool-OLS、固定效应模型和随机效应模型等多种面板数据分析方法，研究国际金融危机对我国贫困人口的收入影响，以及应对国际金融危机政策对减少贫困的积极作用。

第二，利用反事实估计方法，实证考察国际金融危机及其应对政策对中国贫困的影响。反事实估计的基本假定为，无论是否存在国际金融危机或其应对政策条件，基础经济变量都具有相同的变化趋势。在假设没有国际金融危机或其应对政策的条件下，估计出基础经济变量的值，并将其与国际金融危机或其应对政策之后的基础经济变量的值进行比较，计算出两者之间的差额，即得到国际金融危机或其应对政策对基础经济变量的影响，进而对国际金融危机及其应对政策对我国贫困的影响进行反事实估计。

第三，运用比较分析法，研究国际金融危机对中国贫困群体造成的影响。比较分析方法包括横向比较和纵向比较研究，具体包括了国际金融危机与不同时期、不同地区、不同行业贫困之间关系的比较，其中以横向比较为主线，以纵向比较为补充。横向比较主要涉及国际金融危机对不同地区、不同行业贫困群体的影响分析，纵向比较主要涉及国际金融危机对不同时期的贫困群体的影响研究。

第四，利用归纳法和演绎法，探索符合我国应对国际金融危机与减轻贫困协调一致的宏观经济政策。主要利用归纳方法和演绎方法，分析比较我国城乡、东中西部地区实施相关政策应对国际金融危机、促进经济增长、减轻贫困的实践经验，并探索出适合我国针对国际金融危机与减少贫困的管理框架和切合实际的政策建议。

第五节　主要观点与创新之处

一、主要观点

第一，在对中国整体经济构成不利影响的前提下，通过经济增长、就业等渠道，国际金融危机对不同收入群体的冲击存在明显差异，对贫困人口的打击尤其猛烈，对中国的减贫工作构成了巨大挑战。金融危机通过经济增长渠道对贫困人口收入产生了负面影响，而且 2009 年的影响程度最深。在金融危机对就业冲击的过程中，城镇贫困群体和广大农民工受到的影响和伤害更为严重。此外，金融危机对贫困群体的消费支出也产生了不利影响。

第二，为应对国际金融危机的冲击，中国实施了包括积极的财政政策和适度宽松的货币政策在内的一揽子政策措施，产生了重要的减贫效果。其中，以4万亿投资计划为主的经济刺激计划在很大程度上冲抵了金融危机对贫困人口收入的负面影响；与4万亿投资相配合的信贷扩张货币政策在减贫方面也发挥了积极的作用；产业与就业政策在保护中小企业发展、促进农民工就业方面发挥了积极作用；民生政策在保障贫困人口基本生活方面有着重要的作用。

第三，针对国际金融危机或类似的内外部冲击，以及其对贫困群体尤为严重的打击，政府需要制定和执行相关的政策措施来减缓和消除，作出应对国际金融危机（或类似的内外部冲击）与减少贫困协调一致的宏观经济战略与政策选择。短期推行稳增长与减贫相结合的刺激政策，长期坚持以人为本和改革创新的发展战略，继续稳步推进扶贫工作，实现预期的增长和减贫目标。

二、创新之处

（1）全新的穷人研究视角。在对中国整体经济构成负面影响的前提下，国际金融危机对不同收入群体的冲击存在显著差异，对贫困群体的打击更加猛烈。但是，在国际金融危机影响中国贫困的这一重要问题上，国内学者的定性研究比较有限，更缺乏系统的定量研究。基于穷人的研究视角，本书系统分析国际金融危机影响中国贫困的主要渠道，实证考察国际金融危机对中国贫困的影响，以及中国应对危机政策的减贫效果。

（2）系统、科学的测算与评估。在国际金融危机影响中国贫困层面，本书以经济增长为渠道，分三步就国际金融危机对中国贫困人口收入的影响进行定量测算；在此基础上，从就业和消费角度实证考察金融危机对中国贫困群体带来的不利影响。在中国应对危机政策的减贫效果层面，本书以经济增长为渠道，分三步对4万亿政府投资和信贷扩张政策的减贫效果进行定量评估；在此基础上，对应对危机的产业政策、就业政策和民生政策的减贫效果进行实证考察。两个层面的系统、科学的测算与评估，为中国政府制定针对国际金融危机与减少贫困的宏观经济政策提供一个新的战略思路和参考依据。

（3）兼容、协调的政策体系。基于国际金融危机对中国贫困影响的测算，以及中国的危机应对政策减贫效果的评估，旨在消除类似金融危机的内外部冲击对贫困人口的潜在、长期的负面影响，增强贫困人口抵御内外部冲击的能力，本书系统提出适合我国针对国际金融危机与减少贫困的管理框架，和切合实际的兼容、协调的政策体系。主要包括：短期推行保增长与减贫相结合的刺激政策，长期坚持以人为本和改革创新的发展战略。

第二章　金融危机与贫困的基础理论

基于贫困群体的视角，本书旨在就国际金融危机及其应对政策对中国贫困的影响进行系统的机制、实证和政策研究。不言而喻，金融危机与贫困方面的基本理论观点，是本书研究的基础理论。本章对金融危机与贫困的基础理论进行系统梳理与回顾，为第三至第六章的机制、实证和政策研究奠定理论基础。

第一节　金融危机的生成与传导机理

在《新帕尔格雷夫经济学大辞典》中，当一国或地区的短期利率、货币资产、证券、房地产、土地价格等大部分或全部金融指标出现短暂、急剧和超周期的恶化，商业破产数和金融机构倒闭数等急剧上升，则意味着金融危机的发生。[1]"第二次世界大战"以来，频繁发生的金融危机，不断威胁着区域乃至国际金融体系的稳定，对全球实体经济产生了重大影响，这引起了众多决策者、经济学家的关注，并重点围绕金融危机的生成机理，以及金融危机影响实体经济的传导机制进行了系统的研究。

一、金融危机的生成机理

与金融风险和危机频繁爆发相伴，人们对金融危机理论也不断进行反思，并由此推进金融危机理论不断向纵深发展，目前已经形成的三代金融危机模型，对于金融危机的生成机理，表达了各自的理论观点。

---

[1]　[英] 伊特韦尔等：《新帕尔格雷夫经济学大辞典》，经济科学出版社1996年版。

（一）第一代金融危机模型

在 Salant 和 Herderson（1978）研究基础上①，Krugman（1979）提出了早期的金融危机模型。② 许多学者从不同角度对 Krugman 模型进行了改进、完善，最终形成了第一代货币危机模型。它强调一国宏观经济基础变量与外汇市场上的投机攻击之间存在必然的逻辑联系。

在 Krugman 的模型中，一国宏观经济政策之间的不一致，如过度扩张的货币政策与固定汇率制度之间的冲突是货币危机的根源。一旦这种冲突存在，不可避免就会发生理性的投机攻击。例如，在存在大量财政赤字的情况下，一国中央银行必然超额发行大量货币以弥补财政赤字。在固定汇率制度下，一国货币供应量的过度扩张引起人们本币贬值的担忧，投资者将作出买进外币资产、卖出本币资产的投资选择。于是，只要存在由财政赤字引发的货币供给量的持续扩张，一国外汇储备在投资者的资产选择行为下迟早会消耗殆尽，在固定汇率制度崩溃的时候货币危机就会发生。

作为 Krugman（1979）的模型的改进与扩展，Connolly 和 Taylor（1984）研究了在蠕动钉住汇率体制条件下存在可能的投机攻击隐患，强调一国经常项目的持续恶化和实际汇率升值将会引发固定汇率制度的崩溃和货币危机的发生。进一步，放弃 Krugman 模型中的完全预测能力的假设，Flood 和 Gabrer（1984）构建了简单的货币危机线性模型，在该模型中，国内信贷的投放是一个随机过程，且投资者的投机攻击并没有确定的时间。③

第一代金融危机模型对 20 世纪七八十年代阿根廷（1978—1981）、墨西哥（1973—1982）等国家所发生的金融危机进行了较好的解释，认为宏观经济基础变量的恶化，如财政赤字、经常项目恶化、实际汇率升值等是危机的根源。他们对政策制定者的建议是，必须注意避免财政货币政策、汇率制度之间冲突与不一

---

① Salant Stephen W. , Dale W. Henderson. The Vulnerability of Price Stabilization Schemes to Speculative Attack. Journal of Political Economy, 1978：627-648.

② Krugman Paul. A Model of Balance of Payments Crises. Journal of Money, Credit and Banking, 1979：311-325.

③ Flood Robert, Peter Garber. Collapsing Exchange Rate Regime：Some Linear Example. Journal of International Economics, 1984：1-13.

致性，不断强化财政收支、货币供给量、经常项目收支等基础宏观经济变量。

（二）第二代金融危机模型

当1992—1993年欧洲货币体系危机发生时，并没有出现第一代金融危机理论中的宏观经济政策之间的冲突与不协调，并且一些国家还拥有大量外汇储备。所以，第一代金融危机模型无法给予满意的解释。旨在解释20世纪90年代初的欧洲货币体系危机，Obstfeld（1994，1996）、[1][2] Ozkan 和 Sutherland（1995）[3]等建立了第二代金融危机模型。第二代金融危机模型分析了货币危机过程中的多重均衡状态，以及危机的自促成性质（self-fulfilling），也就是，决定政府放弃或维持固定汇率的，是投机者的预期和信念。

第二代金融危机模型，主要是从成本与收益的权衡角度，分析政府决定是否维护本币币值稳定。从政府维护本币币值稳定的收益看，主要有三个方面的收益：一是维护本币币值稳定，有利于促进国际贸易和资本流动；二是如果一国存在剧烈的通货膨胀历史，维护汇率稳定是控制国内信贷规模的重要手段；三是维护本币币值的稳定，可以提高该国的国际信誉，促进国际经济交往与经济合作。

另一方面，从政府维护汇率的成本看，某些因素可能使维护汇率稳定的代价十分高昂，迫使政府最终放弃固定汇率。一种可能是一国财政面临着非常严重的赤字问题，为减轻赤字负担政府希望启用通货膨胀税手段；另一种可能是一国存在严重的经济萧条，为尽快走出经济萧条政府需要采取扩张的货币政策。上述两种可能，都会使政府放弃固定汇率制度。所以，上述收益与成本的综合比较权衡，决定了政府是否捍卫固定汇率。但是，如果存在超强的本币贬值的市场预期，捍卫本币币值稳定的成本将大幅上升，于是政府就放弃维护本币币值的稳定政策。

第二代金融危机模型强调的是货币危机过程中的多重均衡状态，以及危机的自促成性质。当一国国内宏观经济政策与汇率政策之间存在冲突与不协调时，投

---

① Obstfeld Maurice. The Logic of Currency Crises. NBER Working Paper, No. 4640, 1994.

② Obstfeld Maurice. Models of Currency Crises with Self-Fulfilling Feature. NBER Working Paper, No. 5287, 1995.

③ Ozkan F. Gulcin, Sutherland Alan. Policy Measures to Avoid a Currency Crises. The Economic Journal, 1995：510-519.

机者就会作出该国本币币值最终会贬值的预期，并提前抢购外币资产、抛售本币资产。在这种情况下，政府维护汇率的成本急剧上升，于是放弃维持本币币值稳定，货币危机就提前发生了。

(三) 第三代金融危机模型

以 1997—1998 年亚洲金融危机为代表的许多金融危机，由第一、二代金融危机模型都不能很好地解释，所以，国外学者提出了第三金融危机模型。在亚洲金融危机期间，与金融危机相伴的是，资本账户开放、巨额的资本跨境流动、商业银行核心资本充足率不足、商业银行过度的信贷扩张、股市、房市资产过度泡沫化、缺乏有效的谨慎监管与检查等。由此可见，在亚洲金融风险的积累与危机形成过程中，金融中介尤其是商业银行起着重要作用。

所以，与第一、二代金融危机理论局限于一国内外经济政策之间冲突与不协调的分析框架不同，第三代金融危机理论将研究视角投向于金融中介的过度投机行为、资产泡沫的形成与破灭方面，强调金融中介过度投机行为与资产泡沫是如何引发金融危机的。目前，第三代金融危机模型还不是很成熟，也缺乏统一的研究范式。但是，从它们研究的角度来看，由道德风险驱动的金融危机模型、由金融恐慌驱动的金融危机模型，以及由金融系统不稳定性驱动的金融危机模型，大致代表了第三代金融危机理论与模型的发展。

1. 道德风险金融危机模型

在发展中国家，Krugman（1998）认为，因为存在对国内银行破产的政府隐形担保，国内银行业在经营发展过程中存在极为严重的道德风险；在严重的道德风险的驱使下，国内银行的不良贷款急剧增加，贷款风险的不断累积增长会引发金融危机。① 在资本账户自由化的条件下，因为政府强有力的隐形破产担保，以较低的利率大量境外资金进入国内银行信贷市场；同样，因为政府强有力的隐形破产担保，国内银行将大量的信贷资金投向股市、房市等高风险投资领域，造成资产泡沫越来越大。因为过多地涉足于泡沫资产市场，一旦资产泡沫破灭，经营过程中的货币错配和期限错配问题将不断暴露，国内银行资产负债急剧恶化，不良贷款急剧增加，陷入银行危机困境。

---

① Krugman P. What Happened to Asian. MIT Working Paper, 1998.

同时，政府强有力的隐形破产担保，使存款者认为政府肯定会救助陷入困境的国内银行，对银行的信用风险漠不关心；同时，通过吸收存款支付利息和红利，资不抵债的银行仍然可以隐藏其真实的财务状况。因此，从本质上讲，国内银行的不良贷款等价于一国政府未来对问题银行的财政转移支付。但是，如果不良资产越来越多，不断积累超过一国财政的转移支付能力，那么，在同业业务的连锁反应的作用下，部分银行破产就会很快诱发一国的金融危机。

2. 金融恐慌危机模型

在现代金融理论中，银行挤兑是一种理性的行为；并且，存款者的银行挤兑预期与行为具有自促成特征。所有的存款人如果都不提前提取存款，那么，银行的贷款就可以支持长期投资，一国宏观经济运行正常，存款人也得到存款利息，所有存款者的财富与福利都会增加。但是，在一定的情形下，通过提前提取存款单个存款者能增加自己的福利。原因在于，对所有存款人的本金和利息，挤兑发生后银行不可能全部偿还，所以，没有本息损失或损失较小的是最先提取存款的存款人，而本息损失最大的是最后提取存款的存款人。也就是说，每个存款者都具有提前提取存款的正向激励，同时，任一存款者的利益都会受到其他存款人提前提取存款行为的损害。因此，当大多数存款者为了自己的利益都选择提前提取存款时，在自促成特征的作用下，银行挤兑和银行危机就不幸发生了。

所以，亚洲金融危机期间，Radelet 和 Saches（1998）认为，在许多国家出现的巨额资本跨境外逃，不能归因于宏观经济基本面的恶化（如巨额财政赤字、货币供给迅速扩张等），而是由市场参与者突然的预期变化所引致的。[1] 在一定的条件下（如国际资本流动冲击、国内经济结构扭曲等），因为对新兴市场缺乏充分信息，国际投资者对该国的投资预期与信心会突然发生变化，当意识到或预期到其他投资者将会选择从该国撤出资金时，在其他投资者之前撤资是投资者的理性选择，在自促成特征的作用下，集体行动发生了，巨额的资本外逃引发了系统性金融危机。

3. 金融系统不稳定性危机模型

在金融系统不稳定性模型中，强调的是金融系统固有的不稳定性，并将金融

---

① Radelet S. , Saches J. The Onset of The East Asian Financial Crisis. Harvard University, 1998.

危机爆发的根本原因归于银行挤兑（Morris and Shin，1998）。① 当银行的流动性需求超过银行短期资产的价值时，银行挤兑就会发生。一旦流动性不足在整个金融系统出现，金融危机的发生就难以避免。从内在不稳定性角度，金融系统不稳定性模型主要有如下两类：

一类是协调失败模型。重点关注的是由金融系统固有的不稳定结构是如何引致金融系统崩溃的，基于内在的不稳定结构，存款者集中银行挤兑一旦发生，金融系统的崩溃就不可避免。银行挤兑协调失败的模型可以划分为：以经济变量为基础的危机模型和随机危机模型。在以经济变量为基础的协调失败危机模型中，脆弱的经济基础及其程度决定了金融危机是否会发生；在随机危机模型中，金融危机则纯粹是由协调失败（与经济变量无关）所造成的。存款者收益的外部性是协调失败模型的关键，单个存款者的行动决定了其他存款者的存款收益。除了强调存款收益的外部性外，以经济变量为基础的危机模型还关注某种形式的信息溢出效应。

另一类是流动性市场无效率模型。当出现短期流动性不足时，银行可以向其他银行进行同业拆借，或者变卖其拥有的长期资产。如果金融市场是有效率的，那么在金融市场上，虽存在短期流动性不足、但经营状况良好的银行可以获得足够的流动性。但是，因为市场特权或信息不对称的存在，金融市场也存在无效率情形的可能。在协调失败模型中，在为获得流动性变卖长期资产的过程中，银行的资金成本是外生给定的，在流动性市场无效率模型中，金融市场的介入可以内生化银行解决流动性不足问题的资金成本。当出现短期流动性不足时，为解决流动性不足问题银行理论上可以向其他银行进行拆借、或售卖长期资产。但是，在外部冲击下，如果金融市场缺乏效率，那么，单个银行的流动性风险，就会引发整个金融系统的流动性危机。

二、金融危机的国际传导机制

无论是 1992 年欧洲金融危机还是 1997 年亚洲金融危机，以及 2008 年国际金融危机，都是由危机发源地迅速向邻近国家传导与扩散，对邻近国家乃至世界

---

① Morris S.，Shin H. The Theory of Currency Attacks. Mimeo，Nuffield College，Oxford，1998.

经济发展造成了非常严重的冲击。金融危机的蔓延及其对其他国家宏观经济的冲击，表现为通过国际贸易、国际资本流动、产业联动和心理预期渠道实现的多种效应综合作用的结果，主要涉及贸易溢出效应、金融溢出效应、产业溢出效应和危机传染效应。

（一）国际贸易渠道——贸易溢出效应

在促使各国从外贸与分工中获得收益的同时，国际贸易也要求各国付出由此带来的成本和代价。其中，通过国际贸易渠道，本国经济会受到国际经济与金融波动很大程度的冲击与影响就是成本和代价之一。对于金融危机的国际传导，Gerlach 和 Smets（1995）分析了国际贸易渠道与效应。[1] 如果危机发源国出现本币贬值，沿着国际贸易的传导机制金融危机就会向其他国家扩散。假设 B 国为危机扩散国，A 国为危机发源国。当 A 国发生金融危机后本币出现贬值，无论在 B 国市场还是在国际市场上，A 国外贸商品都具有非常强劲的价格优势。面临 A 国外贸商品的国际价格竞争优势，B 国可能的选择有二：一是使本国货币币值贬值；二是维持本国货币币值稳定。

如果选择前者，也就是迫于 A 国货币贬值产生的价格竞争压力，B 国货币币值也相应大幅贬值，在使 B 国外贸商品获得了国际价格竞争力的同时，也会对 B 国产生其他一系列后果，如引起 B 国股市、房市、汇市的动荡，甚至导致社会环境恶化。例如，1997 年亚洲金融危机发生后，危机发源国泰国货币泰铢率先大幅贬值，迫于泰国货币贬值产生的价格竞争压力，东南亚各国货币竞相贬值，引起各国股市、房市、汇市的动荡，甚至导致社会环境恶化。如果选择后者，也就是不顾及价格竞争压力，B 国保持本国货币稳定，其结果是，相对于 A 国货币大幅贬值而言，因为本币处于币值高估状态，B 国出口与国内经济增长受到重创。例如，在亚洲金融危机期间，我国出口贸易受到很大程度的抑制，主要原因在于中国政府坚守了人民币不贬值的承诺。

事实上，面对 A 国发生的金融危机及其货币贬值，受金融危机影响的 B 国更愿做出使本币贬值的政策选择，其目的在于减缓金融危机对国内实体经济的冲

---

[1] Gerlash Stefan, Frank Smets. Contagious Speculative Attacks. European Journal of Political Economy, 1995（11）: 5-63.

击，并本能地通过本币贬值手段转嫁金融危机的破坏性影响。更为严重的是，一个国家率先货币贬值，为维持国际价格竞争力其他国家货币也会相继贬值。各个国家先后采取本币贬值方法，在作为外汇政策工具来减少金融危机的冲击的同时，也作为金融控制手段来减缓其他国家货币贬值的不利影响。于是，各个国家货币相继实行竞争性贬值，形成货币贬值恶性循环。当大多数国家或所有国家货币竞相贬值时，个别国家货币贬值的收益将不复存在，进而导致世界经济的衰退，全球各国的整体福利水平都将下降。

（二）国际资本流动渠道——金融溢出效应

金融自由化和现代通信技术的发展，加快了国际金融市场上的跨境资金流动，以及各国金融市场的日益融合。尤其是，对各国经济主体的微观决策和宏观经济政策的有效性，规模庞大的国际短期资本流动均产生了重要影响，各国政府难以控制其巨大的冲击力。所以，作为金融危机传导的最重要的渠道，国际资本流动产生的金融溢出效应，远远高于通过国际贸易渠道形成的贸易溢出效应。

在金融危机发生后，一国金融市场可能面临着市场流动性不足问题，并迫使国内金融机构在其他国家金融市场上大量出售其持有的金融资产，于是金融资产抛售导致与其有密切金融关系的资本市场大规模资本抽逃行为，引发另一个国家市场流动性不足。与此同时，当一国发生金融危机时，为了减少风险，在该国进行了资产投资的国外投资机构一般会采取防范措施，卖出那些收益率与金融危机发生国相关或无关的资产，进而造成其他国家的市场流动性不足。

在金融中介方面，Kaminsky 和 Reinhart（2000）强调在危机传导中共同贷款人（例如，国际商业银行）的作用，并称之为"共同贷款者效应"。①一国发生金融危机后，如果共同贷款者的银行头寸风险很大，在危机冲击下可能会造成严重的潜在资产损失，共同贷款者就会从满足核心资本充足率、资产负债比例和基本利润的要求，以及降低风险水平目标出发，减少或撤回在其他国家金融市场的高风险的资金，对其他国家信贷市场造成流动性压力。

在金融市场方面，随着国际机构投资者的迅速发展，机构投资者的资产运作

---

① Kaminsky, G., C. Reinhart. On Crises, Contagion and Confusion. Journal of International Economics, 2000, 51（1）：145-168.

也成为了金融危机在国家间的传导渠道。根据马柯维茨提出的投资组合理论，大多数国际投资基金选择了投资分散风险方式，按照地理区域进行组合投资。在这种情况下，如果某一地区内一国发生了金融危机，国际投资基金则可能大量抛售类似于该地理区域板块的资产，从而可能引发该板块内其他国家的市场流动性不足。不仅如此，当某个区域金融市场受到冲击时，在国际市场间进行分散组合的国际机构投资者，为降低区域投资组合风险，也会对其资产组合进行重新调整，对其他地区的金融资产进行一定的减持，从而向其他地区的金融市场传递冲击（Kodres and Pristker，1999）。

在美国次贷危机期间，B. Eiehengreen 等（2009）研究发现，雷曼兄弟破产之后，在短时间内金融机构之间的依赖关系得到迅速强化，进一步恶化了银行贷款证券组合的质量，加大了银行贷款证券组合的风险，整个全球金融体系开始被次贷危机感染。① M. K. Brunnermeier（2008）研究认为，因为证券持有者的"挤兑"行为，次级抵押贷款危机不断扩大影响，最终成为了产生严重负面影响的国际金融危机。在金融中介将要出现危机之前，投资者们就已经尽早赎回自己的资本。②

（三）产业联动渠道——产业溢出效应

在经济发展过程中，为鼓励出口产业的发展，各国都在采取多种政策措施不断提升在国际市场上本国产业的竞争力，其结果是全球的商品供给能力和各国的出口都在迅速膨胀。以进出口贸易为纽带，各国的产业与经济产生紧密的联系；与此同时，沿着产业联动的渠道，一国发生的金融危机也会向其他国家传导与扩散。具体而言，产业联动效应的传导机制与途径有二：一是"存货加速原理"；二是"产业结构震荡"（范爱军，2001）。③

存货加速原理，是指金融危机发生后，当出现国内消费锐减和宏观经济衰退

---

① B. Eiehengreen et al. How the Subprime Crisis Went Global. NBER Working Paper, No. 14904, 2009.

② M. K. Brunnermeier. Deeiphering the Liquidity and Credit Crunch 2007-08. NBER Working Paper, No. 14612, 2008.

③ 范爱军：《金融危机的国际传导机制探析》，《世界经济》2001 年第 6 期，第 31～36 页。

时，企业的产品库存会迅速上升增加。旨在使存货水平减少，在短期内企业会大幅度减少生产资料和劳动力投入，并通过前后向联系，使上下游链条的企业经营状况恶化，于是，居民收入和社会消费水平就会进一步降低。这样循环反复且不断扩大影响范围，更多的企业和产业加入减产的行列，并由此引发金融市场上信贷链条的断裂和经济衰退。由于各国产业与国际市场之间存在紧密的联系，普遍具有较高的外贸依存度，某国金融危机发生后，某一或某些产业生产大幅度萎缩，就会抑制其他国家与该产业相关的上下游产业的发展，造成其他国家大量相关公司的破产，从而导致与之具有信贷联系的商业银行不良贷款增加甚至破产倒闭，引发其他国家的金融危机。

产业结构震荡，是指因为与危机发生国在产业结构方面类似的，在产业碰撞的作用下，某些国家的经济结构也会处于失衡状态，进而引起国际投资机构对上述国家的资本市场进行规避性撤离，或进行类似的投机性冲击，导致它们的金融市场也出现剧烈的动荡，甚至引发金融危机。例如，在其经济起飞阶段，东南亚国家主要实施了以出口鼓励为导向、以劳动密集型产业为核竞争优势的经济发展战略。借助外国直接投资，这类出口产业大多是"加工组装型"产业，首先大量进口零部件、半制成品和加工设备，其次进行加工组装成制成品，最后向国际市场销售。对于东南亚国家劳动力多、资本少的要素禀赋，加工组装型产业比较适合，有利于扩大劳动力就业，因此受到这些国家的青睐。在对东南亚各国的经济增长发挥着重要的促进作用的同时，这种发展模式也造成了东南亚国家产业结构的高度相似，以及对外部市场的高度依赖，从而为东南亚国家之间金融危机的快速传导创造了可能与条件。因为东南亚国家产业结构内部深层次的矛盾，再加上外部游资的冲击，泰国金融危机率先爆发。以泰国金融危机为导火索，因为产业结构较强的趋同性和对外依附性，其他东南亚国家也相继爆发金融危机，共同引发了 1997 年亚洲金融危机。

(四) 心理预期渠道——危机传染效应

如果两个国家之间经济联系不强，一个国家金融危机发生可能对另一个国家的宏观经济基础并没有产生很大的影响；但是，即使另一个国家的宏观经济基本面并没有恶化，出于投资风险的考虑，如果一个国家发生了危机，那么投资者就会对其他类似国家的宏观经济基本面进行重新评价。如果对其他类似国家的信心危机或心理预期变化，投资者的情绪就会发生改变，从而发生金融危机的传染效应（Masson，1998）。①通过心理预期渠道传染效应形成的关键在于，投资者认为一些国家之间存在某些相似的情形，这种相似情形涉及的范围很广，如相似的经济基本面、相似的历史文化背景等。

相似的经济基本面传染，指一个国家发生金融危机后，投机者通常会对基本面相似的另一个（或几个）国家金融市场采取攻击行为。例如，在发生投机性冲击时，因为存在严重的财政赤字，某一国家不得不放弃维持本币币值稳定，那么，投机者就会作出这样的判断：在面临投机性冲击时，与这个国家状况相似（较大通货膨胀压力、严重的财政赤字）的其他国家也会放弃维持汇率稳定。所以，为实现利润最大化或损失最小化，投机者就会迅速发进行投机攻击，从而导致另一个（或几个）国家发生自我实现的金融危机。

相似的历史文化背景传染，指一些国家经济基本面没有多少相似性，但是，它们具有相似的或共同的文明、发展历史和文化背景，并被投机者视为具有相同特点或气质。这些相似的气质或特点，使这些国家在面对内外部冲击时会采取大体一致的处理问题的思路与方法，并作出相似的宏观经济政策选择。在这些国家中，如果迫于压力某一国家放弃维持汇率稳定，投资者就会预期在遇到投机性冲击时，具有相似或相同特点和气质的国家意愿也不会坚决，也会采取同样的策略，所以，由于对上述国家的货币贬值预期上升，投机者就会主动发动冲击，造成这些国家金融危机的发生。例如，1982年拉美债务危机发生后，菲律宾在政治和债务方面与拉美国家具有高度相似性，且也曾是西班牙的殖民地，所以市场投机者认为，对待内外部冲击的处理思路与方法，菲律宾与拉美国家应该具有相似性，于是开始了对菲律宾金融市场的攻击。

美国次贷危机发生后，O. Blanchard（2009）研究认为，最初阶段它对实体经济的影响并不十分明显。② 但是，随着房价和股价的累积下降，以及各金融机构资产价值的不断缩水，在2008年秋的时候人们对市场逐步失去信心，开始担心

---

① Paul R. Masson. Contagion: Monsoonal Effcts, Spillovers and Jumps Bewteen Mulitple Equilibria. IMF Working Paper, 1998.

② O. Blanchard. The Crisis: Basic Mechanisms and Appropriate Policies. IMF Working Paper, 2009.

20世纪30年代的经济大萧条可能重演。上述悲观情绪的不断蔓延，直接导致了全球金融市场急剧萎缩和企业、消费者信心的急剧下降，于是整个全球经济经历的不仅仅是金融危机，而是一次非常严重的经济危机。

第二节　贫困形成理论与反贫困政策

长期以来，为减少贫困世界各国做出了艰苦的努力，但实际的减贫效果却并没有达到预期的目标，进入21世纪贫困依然是世界各国面临的最为严峻的挑战，也依然是目前困扰全球最核心的发展问题。在学术层面上，国内外学者主要围绕贫困及其度量、贫困的形成理论，以及反贫困政策进行了系统深入的研究。

一、贫困及其度量

（一）什么是贫困

贫困问题一直是当今世界面临的共同问题之一。但是，什么是贫困，人们至今仍没有一个统一的认识。不同学者从不同的角度给出不同的定义，对贫困问题展开分析与探讨。

一是收入贫困。人们最早对贫困的概念就是收入不足，难以维持基本的物质生活。国家统计局也是从收入的角度来定义贫困，即"贫困通常是指人们的物质生活陷入困境，也就是，一个家庭或一个人的平均生活质量不能满足社会可接受的最低标准。因为缺乏必要的消费品和服务，他们的生活处于贫困境地"。一般地，收入贫困还可以划分为绝对收入贫困、相对收入贫困。绝对收入贫困指不能达到维持生存的最低的必需品，生存已经受到了严重的威胁。相对贫困则指当其他人的生活水平大幅提高时，而自己的生活水平不变时或提高不多，人们也会感到比以前更贫困。除大多数学者的认同外，收入贫困作为衡量人们生活水平的指标，具有易于统计、测度和监测的优点，因此，世界各国在减贫实践中经常使用收入贫困这个概念。

二是能力贫困。即贫困就是"缺乏实现最低生活质量的能力"。在《1990年世界发展报告》中，从能力的角度世界银行最早对贫困进行定义。进一步，Sen

（1985）进行了系统的理论分析。他认为，贫困的本质是"因为缺乏一定的最低限度的能力，穷人失去获得物质富裕最基本的机会"①。能力贫困的提出，改变了长期以来人们将贫困等同于收入不足的狭隘认识，也使人们意识到提高穷人的个人能力是解决贫困的根本之道。但是，能力贫困也存在一定的缺陷，因为它只是强调个人的主观能力，而对社会中的客观机会重视不足。事实上，很多穷人能力并不缺乏，缺乏的是发挥个人能力的机会和权利。

三是权利贫困。通过对发达国家出现的"新贫困"研究，Townsend（1979）从机会缺乏的角度来定义贫困，认为贫困是一个发展机会被剥夺、被侵占的过程。在此过程中，穷人逐步地、不知不觉地被社会生活主流所完全排斥。Sen 也认为，穷人之所以贫困，根本在于穷人往往被系统性地剥夺他们应该享有的基本权利，进而使他们深深陷入贫困的恶性循环。权利贫困的概念提出以后，也被社会所广泛接受，例如，世界银行在《2000/2001 世界发展报告》中就指出，贫困不仅指收入微薄和人力资本不足，而且涉及对外部冲击的脆弱性，还包括缺少发展权利和被社会排斥在外。洪朝辉（2002）也认为，经济贫困只是社会权利贫困的反映和表现，其深层原因不仅是各种经济要素禀赋的不足，而且更是社会权利的缺乏。

（二）贫困的度量

从上述分析可知，贫困具有非常丰富的内涵，因此对贫困的度量也是一件非常复杂的工作，不同角度的贫困界定需要采用不同的度量方法。本书研究关注的是收入贫困问题，所以，我们主要对收入贫困的度量进行论述。

（1）贫困发生率。贫困发生率是指贫困人口占总人口的比重，该指标主要是从贫困人口的角度反映贫困在社会上存在的程度或者发生率。其计算公式为：

$$H = q/n \tag{2-1}$$

其中 H 为贫困发生率，q 为贫困人口数，n 为社会总人口数。该指标的数值越大，意味着处于贫困线以下的人口越多，一个社会的贫困问题越严重。因为可以很直观地反映出全部人口中有多少比例的人口处于贫困状态，因此，贫困发生

---

① Sen Amartya. A Sociological Approach to the Measurement of Poverty: A Reply to Professor Peter Townsend. Oxford Economic Papers, 1985, 37（4）: 669-676.

率在实践中经常被采用。但是该指标也存在很大的缺陷，它并不能反映贫困人口之间的贫富差距，并且只有人们的收入从贫困线以下提高到贫困线以上时才会引起该指标数值的变化。在扶贫实践中，过度看重该指标会使得政府只注重那些相对比较富裕的贫困群体，因为他们的收入可以很快越过贫困线而脱贫，从而对那些真正更需要帮助的赤贫群体缺乏足够的关注，对扶贫的长期效果产生负面影响。

（2）贫困距指数。为了克服贫困发生率存在的上述不足，1971 年美国社会安全局提出了贫困距指数。Sen（1976）对该指数进行了标准化处理，使其应用范围更加广泛。贫困距指数主要是度量相对贫困线而言，贫困人口平均的相对收入短缺。其计算公式为：

$$I = \sum_{i=1}^{q} \frac{z - y_i}{qz} \tag{2-2}$$

其中，I 表示贫困距指数，z 表示贫困线，q 表示贫困人口数，y_i 表示贫困人口收入水平。贫困人口收入与贫困线之间的实际总差额与最大总差额的比值，是 I 的直接含义，即 $0 < I < 1$。当 I 接近于 0 时，说明贫困人口的收入水平已经非常接近贫困线，很快就能实现脱贫。I 值越小，说明贫困程度越小；反之，I 值越大，表明社会贫困越严重。

与贫困发生率相比，贫困距指数贫困可以准确地反映出贫困人口的平均贫困程度，但是它仍然无法度量贫困人口中贫困差距的分布情况。比如，在贫困群体中，收入向相对富裕的穷人集中使相对贫困者会更加贫困；但是，贫困距指数无法反映出来由此带来的整个社会贫困程度的恶化。所以，上述两种方法，对穷人内部的贫富差距问题不敏感，都无法反映贫困线以下贫困群体的收入分配情况。

（3）Sen 指数。因为上述两种方法都无法反映贫困线以下贫困群体的收入分配情况，即对穷人内部的贫富差距问题不敏感，所以 Sen（1976）提出了 Sen 指数。其计算公式为：

$$S = \frac{2}{(q+1)nz} \sum_{i=1}^{q} (z - y_i)(q + 1 - i)$$
$$= H\left[1 - (1 - I)\left[1 - G\left(\frac{q}{q+1}\right)\right]\right] \tag{2-3}$$

其中，H 为贫困发生率，I 为贫困距指数，G 为贫困人口的基尼系数，其他参数与前面一样。当贫困人口 q 较大时，Sen 指数可以简化为：

$$S' = H[I + (1 - I) G] \qquad (2\text{-}4)$$

Sen 指数的贡献就是将贫困人口的绝对收入差距和相对收入差距都反映了出来，将绝对贫困与相对贫困有机地结合了起来。当贫困群体内部的收入分配差距增大时，基尼系数 G 会增加，Sen 指数就会变大，说明贫困程度恶化。但是 Sen 指数也存在一些不足，比如缺乏对贫困的直观感受，因此 Sen 指数更多的是出现在学术研究中，在实践中很少使用。

（4）FGT 指数。尽管 Sen 指数不是很完美，但是 Sen 的工作开创了采用严谨、科学的方法度量贫困的新时期。其后，很多学者提出了很多度量贫困的新指数，对贫困度量问题进行了深入研究，其中最有代表性的就是 Foster、Greer 和 Thorbecke（1984）提出的 FGT 指数。其计算公式为

$$P_\alpha(x, z) = \frac{1}{n} \sum_{i=1}^{q} \left(\frac{z - x_i}{z} \right)^\alpha \qquad (2\text{-}5)$$

其中，n 为总人口数，z 为贫困线，x_i 是第 i 个贫困者的收入，q 为贫困人口数。当 $\alpha = 2$ 时，P_2 表示贫困强度，也称之为平方贫困距指数，可以反映出贫困人口内部收入分配状况改变时贫困程度的变化情况；当 $\alpha = 1$ 时，$P_1 = HI$，即贫困发生率与贫困距指数的乘积，反映了贫困深度；当 $\alpha = 0$ 时，$P_0 = H$，就是贫困发生率。虽然 FGT 指数也存在一些缺点，比如贫困人口中如果出现未成年人因贫困死亡，那么 FGT 指数就会下降，这显然有悖于人们对贫困认识的直觉。[①] 从总体上看，FGT 指数计算方法相对成熟，也基本上能够全面反映出收入贫困的状况。

二、贫困的形成理论

20 世纪 50 年代以来，在贫困问题方面，发展经济学家进行了热烈的讨论与研究。其中，最具代表性的就是纳克斯（1953）的"贫困恶性循环"理论、纳尔逊（1956）的"低水平均衡陷阱"理论，以及缪尔达尔（1957）的"循环累积因果关系"理论。从资本供给与需求角度，纳克斯将贫困的恶性循环，归结成

---

① 为此，Kanbur（2003）提出了一个改进的 FGT 指数，从收入和寿命两个维度来测度贫困。

一个著名的命题——"一个国家之所以穷是因为穷"。低水平均衡陷阱理论的核心思想，在于说明发展中国家人口的增长，将会对人均收入的增长造成极大的阻碍作用，只有进行大规模的投资，发展中国家才能冲破人口扩张对人均收入增长的束缚。缪尔达尔认为，经济发展是经济，以及政治、法律、文化等其他非经济因素一道促进社会制度变迁的结果，是一个非均衡的动态过程，在此过程中上述各种因素相互影响与作用，共同促成了"循环累积"的发展，发展中国家贫困也存在循环累积因果循环，其中的关键和核心是资本的稀缺。

从不同的角度，上述发展经济学家分析了贫困的形成机制，但他们有一个共同观点，那就是贫困形成的根本原因是投资不足和资本匮乏，他们一致认为："从本质上讲，人均收入低下和经济增长停滞是贫困的根本归因，而投资不足和资本匮乏又是人均收入低下和经济增长停滞的根本归因。"[1] 与早期的物质资本匮乏导致贫困的理论不同，贫困的形成因素被扩展到自然资源、政治制度、教育文化、犯罪腐败、地理环境、疾病灾害等。其次，与早期单一的"资本形成不足"机制不同，当代贫困理论致力于从微观角度建立贫困形成的各种机制，主要包括门槛效应、制度失败、群体效应和外部冲击。

(一) 门槛效应机制

在门槛效应机制中，对贫困理论的研究认为，无论在社会还是个人层面门槛效应都是存在的。无论是物质资本、人力资本，还是政府转移支付（如医疗和社会救助等），必须达到一定门槛水平之后，促进穷人的减贫机制才会真正发挥作用，如果低于门槛水平，对于穷人减贫而言，任何的投资与努力都是低效甚至无效的。以物质资本为例，因为门槛效应的存在，在经济系统中可能存在多种不同水平的均衡状态，国家或个人如果不能在信贷或资本市场获得足够的资金就会陷入贫困，而在金融市场获得足够的资金的国家或个人将获得更多的收入与财富。

在物质资本方面，Azariadis（2006）研究认为，资本市场的不完善是导致门槛效应形成的根本原因。长期而言，如果资本市场是不完善的，虽然存在投资获利和增长的机会，但因为资本市场融资门槛的存在，穷国或穷人不能在资本市场

---

① 谭崇台：《发展经济学概论》，武汉大学出版社 2001 年版。

获得融资，或不能获得足够的融资，所以就会陷入贫困陷阱。① 在这方面，通过建立一个反映金融发展与贫困关系的模型，Greenwood 和 Jovanovic（1990）证明，由于存在财富门槛，在金融发展的初期，能够进入金融市场融资的只限于富人，所以富人与穷人的收入与财富差距会逐步拉大；但是，金融中介的进一步发展、金融市场财富门槛的降低，以及穷人通过不断的财富积累逐步实现对财富门槛的跨越；于是，穷人也能获得比较充分的金融市场融资服务，穷人就会走出贫困陷阱。②

在人力资本方面，Galor 和 Zeira（1993）建立了一个跨时期两部门模型，并假定个体能够在现代部门获得高收入就业的前提是进行了人力资本不可分割的投资，否则只能从事低收入的传统部门工作。因为人力资本不可分割的投资存在最低门槛水平，个体要么继承了超过最低门槛水平的遗产，要么能够从金融市场获得这一数额的融资，否则不能进行人力资本投资。③ 从代际交叠模型（Overlapping Generation Model）的角度，并假定个人的收入水平与教育相关，Barham 等（1995）分析了人力资本投资门槛对贫困的影响。在他们的模型中，因为教育投资门槛的存在，出生于贫困家庭的小孩不能选择一个最佳的教育水平进行投资；因为不能完成一个最佳的教育水平进行投资，所以在一个稳态均衡水平下，出生于贫困家庭的小孩就陷入贫困。④ Wu 等（2008）对中国的教育不平等与贫困的关系进行了实证研究发现，如果选择不同的教育水平，即使具有相同初始禀赋的家庭的收入增长途径会有很大的差别，并且，选择低教育程度的家庭很容易最终陷入贫困。⑤

---

① Azariadis, C. The Theory of Poverty Traps：What Have We Learned? //S. Bowles et al. Poverty Traps. Princeton University Press , 2006.

② Greenwood, Jeremy, Boyan Jovanovic. Financial Development, Growth, and the Distribution of Income. Journal of Political Economy, 1990, 98（5）：1076-1107.

③ Galor, Oded, Zeira, J. Income Distribution and Macroeconomics. Review of Economic Studies, 1993（60）：35-52.

④ Barham, V. et al. Education and the Poverty Trap. European Economic Review, 1995（39）：1257-1275.

⑤ Wu Fangwei et al. Unequal Education, Poverty and Low Growth：A Theoretical Framework for Rural Education of China. Economics of Education Review, 2008（27）：308-318.

（二）制度失败机制

制度是一种行为规则，这些行为规则涉及政治、经济与社会行为。它由正式的约束（法律、制度、产权）和非正式的约束（如习俗、传统以及行为守则）组成。在人类漫长的发展史中，制度设计旨在维持正常的秩序和减少交易的不确定性。制度建立了人们在政治、经济或社会方面发生交易的激励与约束机制，制度变迁则决定了一个国家或社会发展与演进的方式。但坏的制度或者本身就是无效的根源，或者会强化市场失灵。例如，缺乏有效的产权保护，以及在教育、公共产品、权力、财富方面的分配不公，一个国家或社会陷入长期贫困可能是这些坏的制度造成的。因为制度的路径依赖，历史演变过程中逐步形成的坏的制度也具有较强的顽固性，这种性质致使贫困不断得以持续。

在导致贫困的动态过程中，Azariadis 和 Stachurski（2005）分析了各种自我强化机制，在自我强化机制的作用下，富裕的家庭愈富，而贫穷的家庭愈穷。[①]在各种自我强化机制中，一个共同归因是制度失败或市场失灵，并阻碍了穷人获得物质资本或人力资本。例如，在物质资本方面，富人可以用自己的财产作为抵押品，在信贷市场上获得足够融资；但是，在信贷约束下，穷人因为缺乏足够的抵押品，无法在金融市场获得充足的融通资金，也就不能更多投资资产并获得资产收入，由此造成穷人的收入水平与财富水平更低，而收入与财富水平低又进一步构成了穷人扩大投资的障碍。在人力资本方面，因为信息不对称，工人的技术是不可观察的，企业可能将高技术的工人当成低技术工人使用，并支付较低工资；这样一来，整个社会就会缺乏人力资本投资的激励。于是，整个社会较低的人力资本投资水平使得企业的技术水平更低，而低的企业技术技术水平又会降低整个社会的人力资本投资水平。正是因为市场失灵或制度失败产生的自我强化机制，导致贫困家庭陷入长期贫困陷阱。

此外，他们还指出，在如下四个方面政治腐败会放慢经济增长，进而造成一个国家或民族陷入长期贫困：（1）通过降低投资的预期报酬，腐败会使企业投资的激励大大降低，并且会加大投资收益的风险；（2）在腐败体制下创新者更容易

---

① Azariadis and Stachurski. Poverty Traps. In：Aghion and Durlauf. Handbook of Economic Growth, Vol. 1A, Elsevier, Amsterdam, 2005.

遭受挫折，进而不利于技术进步；（3）腐败不利于社会基础设施（例如公路、铁路和城市公共设施）建设，从而构成现代部门发展的严重阻碍；（4）因为腐败行为具有互补性，所以腐败也会自我强化。

（三）群体效应机制

在一种群体内部，各个成员之间相互影响的行为就形成了群体效应，主要涉及同龄人效应、角色榜样效应。例如，在同龄人中，在赚钱的成功案例的激励下，初中毕业之后更多的农村小孩就会放弃继续读书，而是选择外出打工；再如，没上过大学但事业很成功的案例，也会为更多的人不上大学提供激励。角色榜样方面，少数同龄人努力奋斗会激励其他人，而同龄人的懒惰行为也会传染其他人。在这种相互感染机制的作用下，坏的邻里效应影响，最终会导致持续贫困和贫困聚集的群体形成。

从群体层面出发，Durlauf（2006）建立了一个解释长期的不平等和贫困的模型，子女的教育及其所依赖的父母收入，是其中的主要传导机制。① 在这个模型中，父母的收入水平直接决定了子女的教育投资水平，从而也就决定了子女的未来收入水平。与富人家庭不同，因为父母收入水平低，穷人的小孩只能进行较少的教育投资；并且，富人与穷人小孩之间教育不平等会长期持续。因为选择接受较少的教育，穷人家庭出生的小孩长大之后获得较低的收入水平；较低的收入水平以及好角色榜样的缺失，又会进一步导致穷人的子女选择较少的教育，进而获得较少的收入。如此循环，最终引发长期持续的贫困。除此之外，为穷人小孩提供学业的学校质量差，同时，其他的穷人小孩不愿意上学也会进一步恶化学校质量。上述因素的相互作用与影响，使穷人的贫困状况持续与固化。

对美国芝加哥贫困地区的 9000 户居民的调查，Sampson 和 Morenoff（2006）研究表明，群体贫困或集中贫困与实现社会控制的集体效能，以及犬儒主义或玩世不恭相关，在一个组织内部，贫困会导致彼此消极的社会价值与行为，产生越来越多的愤世嫉俗、讥笑嘲讽和玩世不恭。② 这些贫困引致的集体行为又进一步

① Durlauf, S. N.. Groups, Social Influences and Inquality//S. Bowles et al. Poverty Traps. Princeton University Press , 2006.

② Sampson, Morenoff. Spatial Dynamics, Social Pocesses and Persistence//S. Bowles et al. Poverty Traps. Princeton University Press , 2006.

加剧贫困。越来越多的犬儒主义，以及不断弱化的集体积极意识会进一步导致群体贫困的恶化，这表明群体之间长期的、反复的负面情绪与行动，最终导致整个群体持续的长期贫困。

（四）外部冲击机制

贫困的国家更容易受自然灾害、饥荒、疾病等外来冲击的影响，而陷入贫困陷阱。例如，1960—1990 年，在世界最贫困的 20% 国家中，发生过饥荒的比例为 27%，而全球最富裕的 20% 国家中，没有一个国家发生过饥荒。最贫困的 20% 国家中，自然灾害发生后沦为难民的比例超过 1%，而最富裕的 20% 国家就没有这种可能。最贫困的 20% 国家中，感染 HIV 的人口比例为 11%，而最富裕的 20% 国家只有 0.3% 的人口感染 HIV 病毒。在全球 1990—1998 年共发生的 568 场大型自然灾害中，94% 发生在贫困的国家，并且在灾难的死亡人数中，贫困的国家占了 97% 的份额。

为了分析自然灾害对贫困造成的影响，Carter 等（2007）实证考察了干旱、飓风等自然灾害对洪都拉斯和埃塞俄比亚的贫困人口的影响。[①] 以 20 世纪 90 年代后期埃塞俄比亚干旱，以及 1998 年洪都拉斯飓风为例，他们的研究表明，在洪都拉斯，对不同财富禀赋的家庭，自然灾害的影响具有很大的差异。在灾害发生后，在没有外来援助的情况下，能迅速重建自己的家园的是富裕家庭，而沦为赤贫的是贫困家庭。在埃塞俄比亚也是这样，对贫困人口而言，自然灾害的打击是非常显著的，尤其恶劣的是自然灾害的持久影响，自然灾害造成的外部环境冲击会导致贫困家庭陷入持续的贫困状态。如果只是靠自身个人的努力，在缺乏足够的外部援助的情况下穷人自己并不能摆脱这种贫困状态。

三、反贫困政策

如前所述，导致贫困的因素是复杂的，既可能归因于物质资本和人力资本的缺乏、政治腐败、群体效应和外部冲击，也可能归因于不完善的金融市场和社会规范，所以，对于贫困问题的解决，任何单一的、专门的政策都不能完全奏效。

---

① Carter, M. R. et al. Poverty Traps and Narural Disasters in Ethiopia and Honduras. World Development, 2007, 35（5）：835-856.

然则，政府应该采取哪些政策组合措施，使穷人跳出贫困陷阱呢？

第一，威权政府的减贫发展战略。在发展中国家改革与发展过程中，因为总是企图在有限准入社会中直接移植竞争、市场和民主等开放准入秩序的元素，最后导致失败。具体而言，上述改革给整个社会的组织带来了挑战，使社会统一的寻租体系受到威胁；并且，社会精英阶层乃至普通大众也会抵制、破坏甚至颠覆改革。大野健（2007）研究表明，大多数东亚国家之所以能够保持较快经济增长，并最终打破贫困陷阱，是因为东亚国家实施了以威权政府为主导的国家减贫发展战略。① 其特点有四：一是懂经济且强势的领导人；二是将国家目标定位于经济发展；三是强有力的技术精英集团，辅助领导人制定和执行发展政策；四是经济发展的成功赋予政权的合法性。

第二，建立穷人的融资支持计划。前面的分析表明，穷人只有凭借外力才能跨越贫困陷阱。对于外力，首先是向正式金融市场举借消费信贷，但是，以利润最大化为目标的银行不会给他们贷款。因为穷人缺乏贷款抵押资产，为防止赖账的发生，银行将穷人排斥在信贷市场之外。非正式金融市场的情况又如何，比如向亲戚朋友或当地有钱人借款。但是，在一个劳动力流动不断加大的社会，因为对赖账行为构成约束的声誉机制作用日渐减弱，非正式金融的作用是有限的。比如，一个在当地借钱的穷人，为逃避债务会流向他方，此时名声、声誉约束就自然失效了。所以，政府应该建立针对穷人的融资支持计划，使他们跨越贫困陷阱。该计划的实施涉及的财政支出，可以通过可供给的劳动力的增加，以及经济增长带来的税收增加来补偿。对于政府而言，此举还有利于政治、社会的稳定。

第三，鼓励企业提供长期劳动合同。从理论上讲，企业提供长期劳动合同也可以使穷人跳出贫困陷阱。在长期合同的作用下，穷人的积极性和劳动能力都会增强，由此改进企业的经营绩效和员工的收入，穷人和企业都可以从长期合同中受益。但是，在现实生活中，因为缺乏必要的激励，企业很少提供长期劳动合同。因为与雇员签订长期合同可以增加其劳动生产率，但你不能保证在合同期内雇员不会辞职离开。比如，他可能为另一企业工作，甚至移民到其他地区。虽然在长期合同中可以写进违约惩罚条款，但是真正执行起来比较困难，或执行成本比较高。所以，为给企业提供长期劳动合同提供激励，政府需要在税收、融资

---

① 大野健一：《东亚的经济增长和政治发展》，《比较》2007 年第 32 期。

方面制定一些优惠政策，使更多的穷人跨越贫困陷阱，走出低收入—低教育水平、低劳动能力—低收入的恶性循环。

第四，建立广泛高效的社会安全网。这是提高穷人和贫困家庭福利的重要途径。一个广泛高效的社会安全网，主要构成有三：一是工作福利计划。它能够使失业的穷人重新找到工作，尽早走出贫困陷阱。Ravallion（1999）认为，一个高效的工作福利计划，必须保证穷人在愿意工作时能够及时找到工作。在这方面，做得比较成功的是印度、阿根廷的"就业保障计划"。① 二是食物或现金转移支付计划。对于如老人、孕妇和学龄儿童等没有能力进入或不应该进入就业市场的穷人，食物或现金转移支付计划，在大大弱化他们由贫困造成的痛苦的同时，也避免他们失去未来脱离贫困的基本能力。三是教育津贴计划。从发展中国家的经验看，Atinc 和 Walton（1998）研究指出，因为减少了穷人接受教育的成本，无论巴西政府推出的"教育津贴计划"（为贫困家庭子女上学支付学费），还是孟加拉国政府实施的"教育补助计划"（为贫困家庭儿童入学给予粮食补助），上述教育津贴计划都维持了贫困家庭必要的教育和人力资本投资，进而提升穷人未来获取收入和脱贫的能力。②

---

① Ravallion Martin. Appraising Workfare. World Bank Research Observer, 1999, 14（1）.

② Atinc，M. T.，Michael Walton. Social Consequences of the East Asian Financial Crisis. Washington D. C. World Bank（See http：//www. worldbank. org/poverty），1998.

第三章 国际金融危机及其影响 中国贫困的渠道分析

与经济、金融全球化相伴，金融危机的易发性、传染性和破坏性也逐步增强。由美国次贷危机引发的 2008 年国际金融危机，是 20 世纪 30 年代经济大萧条以来世界范围内发生的规模最庞大、危害最严重、影响最深远的金融危机。通过国际传导机制，金融危机对全球金融市场和实体经济都产生了巨大冲击，造成了惨重的经济损失。在金融危机的国际传导过程中，中国经济金融也受到较大的冲击与影响，并通过一系列渠道对中国贫困产生了不利影响。

第一节 国际金融危机的演变与归因

一、国际金融危机的演变

（一）从宽松的政策到次贷危机

美国政府 1980 年颁布的《存款机构放松监管和货币控制法案》，在允许商业银行以较高的利率放贷给风险较高的购房人的同时，也放宽了对房产投资的首次抵押苛刻约束。上述风险管制的放松，以及可以获得相对可观的预期回报，共同促进了高风险的次级贷款市场的发展。在此基础上，美国政府还不断采取措施，发展壮大次级贷款市场，如放宽住房贷款的申请条件、颁布《社区再投资法案》等。此外，与资产证券化向纵深推进相伴，房贷业务不再是传统的购买—持有模式，替代它的是复杂的购买—出售模式；并且，在此复杂的交易过程中，涉及不少的投资银行及其投入的大量资金。上述力量的综合作用，共同促进了高风险的次级贷款市场的迅速发展。

以迅速发展的次级贷款为基础，能够形成新的金融衍生产品，也就是住房抵押贷款支持证券，并且通过不断创新与重复结构化，形成更多的金融衍生产品。一般而言，次级贷款衍生产品包括两个层次：第一层次是由住房抵押贷款到住房抵押贷款支持证券（Mortgage-backer Securities，MBS）；第二层次则由 MBS 到债务抵押支持证券（Collateral Debt Obligation，CDO）。在第一层次，按照不同信用级别，将其持有的次级抵押贷款资产，次级抵押贷款公司进行证券化处理，并对这些处理后的 MBS 进行风险与收益分级，除风险最大和收益最高的自己保留外，其余的出售给投资银行。在第二层次，按不同的信用分级，在购买 MBS 后投资银行将这些产品组成 CDO 出售。在不断地重复抵押中，以次级贷款为基础形成的金融衍生产品的累计价值，大大超过了基础的资产价值，在一国金融系统中金融衍生产品风险不断膨胀和蔓延。

在次贷危机发生前的 14 年里，美国房贷市场保持了年均 15% 的增长，其中，次级房贷市场实现了高达 27% 惊人的年均增长速度。在此期间，次级房贷市场膨胀了大约 20 倍。在 "9·11" 事件之后，美国央行下调了市场利率，加上美国政府降低了次级房贷的门槛规定。在上述因素的共同作用下，住房抵押债券余额快速飙升，1996—2007 年，美国住房抵押债券余额由 2.5 万亿美元猛增到 7.21 亿美元。次级贷款及其金融衍生产品飞速发展，在一定程度上能够缓解一些美国家庭的购房困难的同时，也通过 MBS、CDO 等打开了信贷市场和资本市场的资金通道。但是，作为一种虚拟性质、投机色彩浓厚的金融衍生产品，MBS、CDO 的迅速膨胀，使潜在的金融风险不断发展与壮大，最终引发了美国次贷危机。[①]

（二）从次贷危机到国际金融危机

从 2007 年到 2009 年，在从信贷市场向美国金融市场扩散之后，次贷危机又从美国金融市场向全球金融市场蔓延，演变为全球性的、危害极大的国际金融危机。如表 3-1 所示，按标志性事件，从美国次贷危机到国际金融危机的演变过程大致可以分为五个阶段。

---

① ［美］辛乔利、孙兆东：《次贷危机》，中国经济出版社 2008 年版。

表 3-1　　　　　　　　由美国次贷危机到国际金融危机的演变过程

阶段	标志性事件
第 1 阶段	2007 年 7 月，次贷危机开始集中发生，因为从事次级住房抵押贷款业务，一些金融中介倒闭破产，美国经济步入"降低周期"。
第 2 阶段	2008 年 3 月，Citigroup、Merrill Ltnch、UBS 等金融巨头出现巨额财务亏损，金融市场流动性风险急剧上升，美国政府开始采取干预措施。
第 3 阶段	2008 年 9 月，贝尔斯登濒临破产，美国政府采取注资措施的同时，并大幅下调 75 个基点的基准利率。
第 4 阶段	2009 年 1 月，大型金融机构频频出现危机，房利美和房地美先后陷入财务困境，美林证券被收购，雷曼兄弟被清算，华盛顿互惠银行被接管，摩根士丹利和高盛先后被重组为金融控股集团。
第 5 阶段	2009 年 3 月，花旗集团（Citigroup）和美国银行先后被国有化，大型汽车集团出现倒闭风险，以美国为典型的发达国家开始推出量化宽松的货币政策。

　　第一阶段：2007 年 2 月至 2007 年 9 月。期间因资产泡沫破灭，一些金融机构连续倒闭和破产。4 月美国次级按揭贷款放款公司 New Century Financials 破产，5 月次级按揭贷款业务机构 Dillon Read Capital Management 倒闭，8 月另一家次级按揭贷款业务机构 American Home Mortgage 破产。但是，对这一阶段接二连三的金融机构集中倒闭、破产现象，人们却知之甚少，并没有掌握多少哪些机构持有次级按揭产品及其规模的信息。

　　第二阶段：2007 年 10 月至 2008 年 3 月。涉及花旗集团（Citi Group）、瑞银集团（UBS）和美林证券（Merrill Ltnch）等著名的金融集团，越来越多的金融机构报告了次级按揭贷款业务造成的财务亏损。其他美国和欧盟区的银行也纷纷对次贷产品造成的亏损情况作出了报告。在此阶段，决策者和经济学家开始认识到次贷危机的严重性，并开始估计次贷产品造成的亏损规模。在金融市场上，社会大众恐慌情绪开始蔓延，人们担心次贷相关资产的大量抛出，会导致其持有资产的价值缩水。在预期的作用下，金融机构竞相卖出与次贷相联系的金融产品，在这些行为的作用下，市场流动性急剧萎缩，以及短期内金融资产价格大幅下跌。

第三阶段：从2008年4月至2008年9月。期间摩根大通（JP Morgan）收购了贝尔斯登（Bear Stearns），雷曼兄弟（Lehman Brothers）申请破产保护。市场流动性萎缩，再加上这些大型金融集团破产使人们产生了信贷危机的心理预期。在此阶段，受这种心理预期的影响，金融机构纷纷对信用放款采取收紧措施；在这种情况下，因为面临基金赎回压力，机构投资者被迫逐步抛售资产变现，金融资产价格进一步下跌。

第四阶段：2008年10月至2009年1月。雷曼兄弟申请破产保护，因为美国政府拯救的举措失败，开始出现市场信心崩溃。于是，次贷危机开始向金融领域扩散，并向实体经济快速蔓延。人们对金融的恐慌演变成企业破产、失业剧增、经济衰退、消费锐减。在此阶段，市场具有四个特点：一是价格发现机制失效，市场功能被破坏，货币市场瘫痪；二是因为货币市场的崩溃，企业无法通过短期商业票据进行流动资金融通，进而影响美国实体经济的发展；三是信用危机破坏了结算和支付系统，交易主体提高了抵押品的数量与质量要求；四是危机开始向全球其他国家蔓延，并产生负面影响。

第五阶段：2009年2月以后。美国应对本次危机而采取银行"国有化"手段和量化宽松货币政策。雷曼兄弟的垮台几乎破坏了整个世界的金融体系。为了避免花旗集团或美国银行（Bank of America）这些比雷曼兄弟更大的机构走向破产，美国政府选择了将花旗集团和美国银行暂时国有化的手段。与此同时，美国三大汽车巨头（通用汽车公司、福特汽车公司和克莱斯勒汽车公司）也面临破产的危险。为了拯救国内经济，2009年3月美联储推出第一轮量化宽松，并购买了累计1.7万亿美元左右的金融资产，主要包括3000亿美元的美国国债、1.25万亿美元的抵押贷款支持债券和1750亿美元的机构证券。英国、欧元区和日本等发达国家和地区也相继推出了量化宽松的货币政策以应对本次危机的巨大冲击。

二、国际金融危机的归因

（一）表层原因：金融监管跟不上金融创新步伐

1. 金融创新的泛滥

在2001年成功"扼制"了科网泡沫后，美联储主席格林斯潘在一片捧杀声中迷失了方向，开始采用低利率政策。低利率政策极大地促进了金融创新的发展，在制造虚假繁荣的同时，也为危机的形成埋下了伏笔。

罗伯特·希勒（2008）认为，"9·11"事件发生后，在金融市场上，美国中央银行宽松的货币政策使市场利率相当低，商业银行具有充足的资金，并且愿意和能够承担更多市场风险，风险溢价也相当低。① 与此同时，宏观经济的复苏拉动了人们的住房需求，房地产市场景气度不断上升。旨在提高市场竞争力，贷款机构纷纷采取比较宽松的信贷政策，在放宽对收入证明的要求、放松贷款的发放标准的同时；推出各种各样结构复杂、潜在风险巨大的金融衍生产品，但缺乏其中隐含的风险的全面认识和风险防范机制设计。在优惠贷款利率的诱惑下，投资者购买了次贷产品内含风险，已经远远超过他们的风险承受能力。

但是，随着美国经济的复苏，为了防止经济过热，美联储先后多次加息。在住房市场降温后，房地产价格下跌和市场利率上升，共同导致很多借款人无法按期偿还次级抵押贷款，许多次级抵押贷款的机构由此陷入严重财务危机，甚至出现破产的情况。虽然与8万亿美元的美国住房贷款总量相较，次级抵押贷款为1.89万亿美元，其所占比例并不算太高。但是，在投资杠杆的作用下，次级抵押贷款衍生了超过自身市值数十倍的金融衍生产品；其后，金融衍生市场泡沫的破裂及其"去杠杆化"过程，使美国金融市场崩溃，并引发了金融危机。

2. 金融监管的不足

在低利率政策的条件下，美国金融衍生品发展迅猛，新产生的交易模式层出不穷，金融衍生品投资更是如火如荼。但是，因为金融创新带来的"巨大社会效益"掩盖了潜在的投资风险，美国政府的金融监管没有跟上创新的步伐。正如格林斯潘所言："金融创新的速度实在是太快了，对所有的产品和交易我们永远无法充分了解和理解；与此同时，我们的监管根本就跟不上金融创新的步伐。"

基于崇尚自由的理念，美国政治和文化上都反对权利的过度集中，偏好权利的分散和相互制约。在此背景下，美国金融监管体系，具有多种类型机构和多种层次机构同时并存的特征。在《动荡年代》一书中，Greenspan（2007）指出：

---

① 罗伯特·希勒：《终结次贷危机》，何云正译，中信出版社2008年版。

"多个总比一个好。"①存在多个监管机构，可以为金融创新提供充分的自由发挥空间，以及保证金融市场的活力；同时，可以发挥所有监管者专业比较优势，并且它们彼此之间的竞争也可以提高监管效率。不可否认，在一定程度上，美国金融业的繁荣可以归因于这一监管机制。

然而，随着金融机构的混业经营与国际化发展，多个机构并存的监管体制也出现一些的致命缺陷。如，机构之间的监管标准存在显著的差异；监管空间上存在盲点；监管规则相当机械原则，难以对市场变化作出快速反应；没有对金融风险进行多角度、全方位监控；等等。正是这些致命缺陷，造成在金融衍生品领域监管缺失或力度不足，并使金融创新愈演愈烈，一发不可收拾。

不管监管体制如何选择，一个国家的监管体制必须适应于其经济金融的发展与开放的水平，在金融工具设计与运用的所有环节上，不能留下任何的风险监控盲点，必须做到金融风险监控的全覆盖，从而最大限度地减少金融市场高杠杆率、信息不对称带来的金融风险。在金融创新与监管非均衡发展的条件下，美国金融机构及从业人员无视市场规则，滥用金融资源与金融创新过度，严重损害了金融生态，最后酿成了金融危机。

(二) 结构原因：实体经济与虚拟经济非均衡发展

1. 实体经济停滞不前

一个多世纪以来，美国一直是全球经济的领头。然而，在过去的 30 年里，美国由能够生产和出口全系列商品与劳务的国家，变成了一个除部分高科技和文化类产品外，几乎什么产品都不能生产与出口的国家。生产力停滞、创新（包括社会机制的变革和创新）丧失、新技术与新产业止步不前，是美国实体经济停滞不前的根本原因。

20 世纪 50 年代，美国经济的支柱产业是制造业。然而，半个世纪以来，在美国经济中制造业占的份额在不断萎缩。如表 3-2 所示，1990—2005 年，虽然美国制造业创造的 GDP 保持增长，由 9170 亿美元增长到 15366 亿美元，但增长速度远低于同期 GDP 增速。与此同时，在 GDP 中美国制造业所占比重呈

---

① Alan Greenspan. The Age of Turbulence：Adventures in a New World. The Penguin Press，2007.

不断下降态势；2000—2005 年这一态势表现得更加突出，期间制造业年均增长率仅为 0.58%，在 GDP 中的份额由 14.5% 进一步下降到 12%。不仅是制造业，更为严重的是，1990—2005 年美国私人商品生产部门占 GDP 的份额也在不断萎缩。

表 3-2　　　　　　**危机前美国制造业的增长率及占 GDP 的比重**（单位：10 亿美元）

项目及年份	实际 GDP （以 2000 年为基期）			平均实际 增长率（%）		占名义 GDP 的比重 （%）		
	1990	2000	2005	1990— 2000	2000— 2005	1990	2000	2005
GDP	7112.5	9817.0	11134.7	3.28	0.97	100	100	100
私人产业	6021.8	8614.3	9838.8	3.65	1.03	86.1	87.7	87.6
私人商品生产部门	1454.1	2081.5	2174.9	3.65	0.34	23.7	21.2	19.4
其中：制造业	917.0	1426.2	1536.6	4.52	0.58	16.3	14.5	12.0
私人服务生产部门	4564.9	6532.8	7663.0	3.65	1.23	62.4	66.5	68.2

　　资料来源：庄宗明、孔瑞：《制造业结构调整与经济波动：美国的实例》，《国际经济合作》2007 年第 2 期。

　　2. 虚拟经济过度膨胀

　　与实体经济停滞不前相反，美国虚拟经济与实体经济完全脱离而迅速膨胀，与实体经济因素决定的资产价值相较，实际资产价格普遍处于大幅度偏离或完全脱离状态，不断加重的资产泡沫成分导致虚拟经济泡沫化，最后随着美国股市和房市资产价格泡沫破灭，金融危机发生了。

　　如表 3-3 所示，2000—2005 年，相对于 M1，美国广义货币 M2 和 M3 都在迅速膨胀，期间 M1 增长 21.8%，而同期 M2、M3 分别增长 43.8% 和 57.2%。广义货币 M2 和 M3 的迅速膨胀，说明在美国金融机构及外国的美元存款急剧上升。因为从停滞不前的美国制造业投资中无法获得满意的回报，毫无疑问的是，为获得相对较高的收益率，这些美元存款进入了当时正在高涨的股市和房地产行业，为国际金融危机的发生埋下了伏笔。

表3-3　　　　　　　　危机前美国各个层次货币存量的变化情况　（单位：10亿美元）

年份及项目	M1		M2		M3	
	存量	增长率（%）	存量	增长率（%）	存量	增长率（%）
1999	1123.8	—	4652.2	—	6469.3	—
2000	1088.2	-3.17	4945.1	6.30	7101.3	9.77
2001	1178.6	8.31	5454.8	10.31	8051.9	13.39
2002	1211.6	2.80	5791.7	6.18	8502.1	5.59
2003	1292.6	6.69	6062.3	4.67	8830.4	3.86
2004	1362.0	5.40	6417.0	5.85	9426.8	6.75
2005	1368.9	0.51	6680.5	4.11	10169.3	7.88

资料来源：美国联邦储备委员会网站，经整理和计算得出。

低利率下的流动性过剩，是虚拟经济过度膨胀的温床。虚拟经济的过度膨胀，其规模已大大超过实体经济，使得虚拟经济完全脱离了实体经济，资产价格出现严重泡沫化①。随着不断累积的虚拟经济系统性风险集中爆发，股市和房地产市场的泡沫破灭引发了金融危机。2006年美国房价见顶，2007年股价见顶，随着泡沫的破灭引发的金融危机，15万亿美元的财富在短期内蒸发了。

在一国经济发展过程中，实体经济与虚拟经济是其两翼，缺一不可，且联系紧密。实体经济系统运行中的风险，例如产品滞销、厂商破产，在虚拟经济中都会反应，导致金融市场不稳定；另一方面，虚拟经济运行中的风险，例如货币大幅贬值、股票指数大落、银行坏账剧增和房地产价格猛跌等，也都会在实体经济中反应，造成实体经济停滞不前。长期以来，独立于实体经济的美国虚拟经济过度膨胀，金融衍生品越来越庞大，许多企业和个人都热衷于绕过生产过程而直接获取利润，在制造了虚假的繁荣的同时，最后导致了金融危机的爆发。因此，从根本上避免金融危机，必须校正实体经济与虚拟经济发展失衡的机制，全面振兴实体经济，否则金融危机就不会根治而反复发作。

————————

① 2007年美国GDP总量为13.8万亿美元，股市总市值约为17.8万亿美元。

(三) 制度原因：社会经济制度缺陷与不恰当政策

1. 社会经济制度缺陷

从制度层面看，金融危机是由内生于资本主义制度的深层次的缺陷造成的 (Fernandez, Kaboub and Todorova, 2008)。① 国际金融危机发生的重要原因，是由制度缺陷造成的不平等。在过去的 40 年里，日益高涨的生活支出和房价、人们停滞不前的收入水平，以及没有或极少实质性的对低收入家庭的购房支持，已经构筑起了一座坚固的经济冰山。低收入家庭通过这种廉价融资——次级抵押贷款的方法拥有住房的计划虽暂时掩盖了不平等，但只是一个美好的幻想而已。通过资产证券化的形式，这一美好计划蔓延到了华尔街，各种结构性投资工具应运而生。当市场利率上升，廉价资金成本环境消失后，人们的幻想也就随之破灭了，紧接着住房的价格直线下降。因为房价大跌，那些复杂的结构性衍生金融工具转眼成为了难以变现的资产，几乎没有多少价值而言，在金融机构资产负债表上沦为了有毒资产。

从根本上讲，M. Lim (2008) 进一步指出，金融危机是由社会经济制度缺陷造成的三种不平衡的综合结果，依次是收入和财富不平衡、金融部门不平衡、经常项目不平衡。② 因为收入和财富的不平衡，少数人手里集中了大量的财富，大量无法被消费掉的财富进入了金融市场，使金融市场出现过流动性泛滥。同时，金融部门的不平衡，也即随着金融管制的放松，无所顾忌的金融创新，不断放大和扩散整个金融系统的风险。最后，经常项目不平衡，也就是经常项目的长期不平衡形成巨额的美国贸易赤字，需要通过资本项目的盈余来填补，于是整个美国资本市场充斥着国际游资。在上述三个因素的综合作用下，原本只是在次级抵押贷款市场上发生的金融风险被迅速放大，最终演变成了世界性的国际金融危机。

---

① Fernandez, Kaboub, Todorova. On Demoeratizing Financial Turmoil. Working Paper, No. 548, The Ievy Economies Institute of Bard College, 2008.

② M. Lim. Old Wine in a New Bottle: Subprime Mortgage Crisis-Causes and Consequences. Working Paper, No. 532, The Ievy Economies Institute of Bard College, 2008.

从国际金融体系缺陷的角度，Caballero、Farhi 和 Gourinehas（2008）认真审视了国际金融危机。① 他们认为，在国际货币体系中，因为美元占主导地位，全球各国对美元金融资产具有极强的依赖性，对美元金融资产国际金融市场存在长期过度的需求。国际金融危机发生后，美元金融资产的长期短缺，又引发世界经济进入一个下降周期。面对这种国际货币制度力量，各国政府的规制也无能为力。只要全球创造良好的支付、价值储藏工具的能力，赶不上世界经济潜在的增长，上述问题就难以根除。

进一步，R. J. Caballero（2009）认为，在很大程度上，是国际金融体系固有缺陷引发了国际金融危机。② 因为美元在世界经济中的霸权地位，购买美国的金融资产是世界各国控制汇率波动风险的一项重要措施。此举直接导致了国际投资者对美元资产的需求急剧膨胀，于是，大量的资本流入美国导致了金融机构过度地使用金融杠杆；并且，为满足国外投资机构的购买欲望，不惜通过增加次级债券等有毒资产以增加美元资产供给。因为全世界从美国购买了大量高风险的有毒金融资产，所以美国金融危机逐步演变为世界性的国际金融危机。

2. 过度的自由化政策

经济学家和政府高层的一个共识是，经济过度自由化是国际金融危机发生的根源之一。W. H. Buiter（2007）认为，从制度层面看，各国竞相放松监管、放任证券化等，是导致国际金融危机的制度根源。③ 许多复杂的因素共同促成了国际金融危机的发生，其中，重要的根源是过度依赖市场自律的美德，以及全球监管框架与制度的不足与过时。与其他商品或要素市场不同，金融市场的外部性与缺乏监管，是导致国际金融危机发生的主要原因。从深层次看，国际金融危机的根本原因在于资本主义新自由主义的制度，是 20 世纪 80 年代以来资本主义新自由主义掀起的金融创新浪潮产生的恶果。国际金融危机是资本主义新自由主义政策产生的必然结果，是市场原教旨主义推崇的经济自由主义和市场自动调节的必然

① Caballero, Farhi, Gourinehas. Financial Crash, Commodity Prices and Global Imbalances. NBER Working Paper, No. 14521, 2008.

② R. J. Caballero. Global Imbalances and Financial Fragility. NBER Working Paper, No. 14688, 2009.

③ W. H. Buiter. Lesson from the 2007 Financial Crisis. CEPR Discussion Paper No. DP6596, 2007.

产物,是资本主义制度的失败。

在次级贷款和低质量抵押贷款中,P．J．Wallison（2009）指出,三分之二被美国政府的代理机构购买和持有的事实,充分说明美国政府是金融市场上次级贷款的需求膨胀,以及引发国际金融危机的根源。① 此外,美联储是金融资产泡沫膨胀的始作俑者,它将超量的美元输送给全球的其他国家,而其他国家极力运用盯住美元的固定汇率制度来维持本币币值。在金融市场上,美元泛滥导致了极低的名义和实际利率,直接导致家庭储蓄的急剧下降、消费信贷的快速上升。所以,导致金融系统性危机的根源是出自华盛顿,而不是来源于华尔街。如果不是政府故意大幅压低市场利率,并大力推进住房自有率,房地产泡沫就不会长期延续,泡沫破灭造成的金融危机也不会产生如此严重的负面影响。

第二节　国际金融危机影响中国贫困的渠道分析

如前所述,贫困是物质与人力资本门槛效应、制度失败、群体效应和外部冲击多方面因素综合作用的结果;同时,国际金融危机对中国经济社会发展的影响也是错综复杂的。根据国内外学者对于金融危机与贫困之间关系的研究,并结合中国实际,国际金融危机主要是通过经济增长、就业与工资、国际贸易与资本流动、价格调整、政府公共支出、社会环境等渠道对中国贫困产生重要的影响。

一、经济增长渠道

受国际金融危机的影响,中国经济增长出现了下滑趋势。如表 3-4 所示,2008 年第四季度,以及 2009 年全年的 GDP 增长速度有明显的降低。2008 年第四季度 GDP 增长速度为 9.7%,比 2007 年第四季度 GDP 的增长速度下降了 4.5 个百分点。到了 2009 年 GDP 增长速度下降程度更大,第一季度仅为 6.4%,第二、第三季度分别为 7.3%、8.5%,第四季度为 9.4%。2010 年的第一季度 GDP 增长速度出现了回弹,但其后的季度 GDP 增长速度一直保持下降的趋势。2010 年第一季度 GDP 增长回弹的出现可能是中国宏观经济刺激计划起到了有效的抵

---

① P．J．Wallison. Deregulation and the Financial Crisis：Another Urban Myth. AEI Financial Services Outlook，2009.

抗作用，而此后 GDP 增长速度不断下降的趋势说明经济刺激计划的效用逐步递减。在国际金融危机的冲击下，经济增长下降，以及回暖乏力必将对中国的贫困问题产生重要的影响。

表 3-4　　　　　　　　　　　危机后中国 GDP 季度数据

年/季度	国内生产总值（亿元）	比去年同期增长（%）
2007/4	270232.3	14.2
2008/1	61491.0	11.5
2008/2	130619.0	11.2
2008/3	201631.0	10.6
2008/4	300670.0	9.7
2009/1	65745.0	6.4
2009/2	139862.0	7.3
2009/3	217817.0	8.5
2009/4	335353.0	9.4
2010/1	81622.3	12.2
2010/2	172839.8	11.4
2010/3	268660.0	10.9
2010/4	401513.0	10.6
2011/1	97101.2	10.2
2011/2	205775.0	10.1
2011/3	321219.1	9.8
2011/4	471563.7	9.5
2012/4	540367.4	7.9
2013/4	595244.4	7.8
2014/4	643974.0	7.3
2015/4	689052.1	6.9

资料来源：《中国经济统计快报》《中国统计年鉴（2016）》。2007—2011 年为季度累计数据，2012 年及其后为年度数据。

一方面，经济增长速度降低，意味着人均收入，尤其是穷人收入的增速下降，导致贫困人口摆脱贫困的步伐减缓和增加一些家庭陷入贫困的可能。经济增长与贫困人口收入之间的正向关系在广大发展中国家都得到了检验。运用 18 个发展中国家的经济增长和贫困数据，Fields（1989）实证研究发现，有 17 个国家的经济增长都减少了贫困，而且更快的经济增长会在更大程度上减缓贫困。① 进一步，运用 26 个发展中国家的 61 个研究样本，Roemer 和 Gugerty（1997）实证研究表明，无论从最穷的 40% 人口，还是最穷的 20% 人口来看，经济增长都提高了他们的收入水平，而且近乎以 1：1 的比例提高。② 因此，危机中经济增长速度下滑会导致贫困人口收入相应地下降，进而对中国减贫产生不利影响。

另一方面，如果金融危机促使中国转变经济增长方式，更加注重收入分配的公平性问题，使穷人收入水平比富人增长更快，就会缩小贫富差距和缓解相对贫困问题。胡鞍钢等（2006）研究认为，20 世纪 80 年代中期以来，虽然经济仍然保持快速增长，但是中国的减贫效果却出现了不断放缓的趋势，并出现了一些新的贫困形态。③ 收入分配不公平导致的贫困人口受益比重下降和获取收入机会的减少，是中国减贫放缓的重要原因。因此，如果金融危机的冲击迫使中国政府不再单纯追求经济增长的速度与效率，而更加注重经济增长成果的分配与公平，这将会有效减缓中国贫富差距问题，进而对中国减贫产生积极影响。

二、就业与工资渠道

在国际金融危机冲击下，中国经济增长出现放缓，预示中国的失业率上升以及平均工资水平下降。如表 3-5 所示，2007 年中国城镇登记失业率为 4.0%，2008 年上升至 4.2%，2009 年进一步攀升至 4.3%，其后稳定在 4.1%；平均实际工资指数则出现一定的下滑，由 2007 年的 113.4% 下降至 2008 年的 110.7%，

---

① Fields, Gary. Changes in Poverty and Inequality in Developing Countries. The World Bank Research Observer, 1989, 4-2：167-182.

② Michael Roemer, Mary Kay Gugerty. Dose Economic Growth Reduce Poverty. USAID under the Consulting Assistance on Economic Reform，CAER）II project，contract PCE-0405-Q-00-5016-00，1997.

③ 胡鞍钢等：《中国经济增长与减少贫困（1978—2004）》，《清华大学学报（哲学社会科学版）》2006 年第 5 期。

2009 年略有回升为 112.6%，受经济增长放缓的影响，其后逐步下滑。

表 3-5　　　　　　　　　　　中国城镇登记失业率和工资指数

年份	登记失业率（%）	平均工资指数（上年＝100）	平均实际工资指数（上年＝100）
2005	4.2	114.3	112.5
2006	4.1	114.6	112.9
2007	4.0	118.5	113.4
2008	4.2	116.9	110.7
2009	4.3	111.6	112.6
2010	4.1	113.3	109.8
2011	4.1	114.4	108.6
2012	4.1	111.9	109.0
2013	4.1	110.1	107.3
2014	4.1	109.5	107.2
2015	4.1	110.1	108.5

资料来源：《中国统计年鉴（2016）》。

　　从上述数据变化看，表面上国际金融危机通过就业与工资渠道对中国贫困产生的不利影响并不明显。但是，根据 Agénor（2001）提出的劳动力贮藏（labor hoarding）理论，正式部门不会解雇教育程度高、工作经验丰富的劳动者，因为企业过去为他们提供了较高的人力资本投资；而是解雇那些教育程度不高、工作经验不太丰富的劳动者（通常是穷人），被解雇那些教育程度不高、工作经验不太丰富劳动者只有在收入水平较低、工作条件较差的非正式部门工作。[①] 在金融危机的冲击下，相比高学历和高技能的员工，城市低素质工人或农民工被解雇的风险很高。所以，作为中国的一类特殊群体，在危机冲击引发的劳动力市场调整过程中，城市低素质工人或农民工可能遭受较大的经济损失（失业或工资水平大幅下降），增加了这部分人口陷入贫困的风险，或加重了他们的贫困程度。

---

① Agénor, Pierre-Richard. Business Cycles, Economic Crises, and the Poor: Testing for Asymmetric Effects. World Bank Working Paper No. 2700, October 2001.

　　根据消费与收入的正向联系，由消费水平增速的下降可以判断城乡居民收入水平增速的下降，并由此不利于中国的减贫。根据农村住户调查数据资料，受国际金融危机的影响，2008 年 1 至 4 季度农村居民人均生活消费现金支出实际累计增速分别为 5.9%、6.4%、7.4% 和 7.2%，处于较低增长水平。根据城镇住户调查数据资料，2008 年 1 至 4 季度城镇居民人均消费性支出实际累计增速分别为 2.0%、5.7%、5.8% 和 6.5%，也处于较低增长水平。

三、国际贸易与资本流动渠道

　　进出口贸易是国际金融危机对中国经济的最直接冲击。自 2008 年 11 月起，中国进出口开始出现负增长，并且一直持续到 2009 年 10 月。如图 3-1 所示，在国际金融危机的冲击下，中国贸易总额下降的同时，对经济增长的净出口贡献率也出现下降。净出口对中国经济增长的贡献率由 2006 年、2007 年的 12% 左右（分别为 15.1% 和 10.6%）下降至 2008 年的 2.6%，2009 年进一步下滑至 −42.6%，而且这种趋势在 2010—2011 年并未得到有效遏制（2010 年净出口贡献率为 −11.2%，2011 年为 −8.1%），直到 2012—2015 年随着进口的相对减少，中国净出口出现恢复性增长。

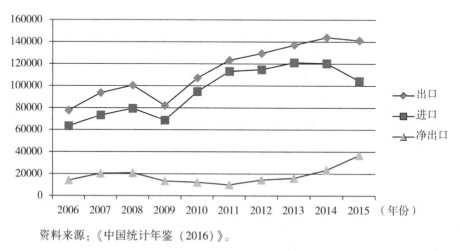

资料来源：《中国统计年鉴（2016）》。

图 3-1　危机后中国进出口贸易年度变化情况（单位：亿元）

　　进出口贸易的减少从四个方面对中国贫困产生影响。一是出口以及与其相关的投资等经济活动的减少，降低了就业需求，不利于贫困人口就业，并制约依靠初级产品出口的贫困地区发展。二是出口产品价格下跌使得全球通胀率下降，在名义工资具有黏性的情况下，实际工资的提高，强化了经济活动减少对就业需求带来的抑制作用，更加不利于贫困人口就业。三是出口产品价格下滑和出口量的减少，导致出口收入大幅缩减，从事初级产品生产出口的贫困人口收入也将下滑。四是一些过分依赖外需的经济体需要重新设计并转变其外贸增长模式，实现外贸平衡发展，如此一来往往可能受到更大冲击的是贫困人口。

国际资本流动方面，受国际金融危机的冲击，中国 FDI（实际使用外资）从 2008 年 11 月至 2009 年 7 月出现了连续 9 个月的下降，其中最为严重的是，2008 年 11 月、2009 年 1 月和 7 月的 FDI 同比下降率超过了 30%（分别为 36.52%、32.67% 和 35.71%）。如图 3-2 所示，在国际金融危机的冲击下，中国实际使用外资由 2008 年的 952.53 亿美元，下降到 2009 年的 918.04 亿美元；并且，其后中国实际利用外资增速开始大幅放慢了。FDI 负增长或增长放慢，对经济增长、就业和收入差距产生的影响，也可能加剧中国贫困问题。

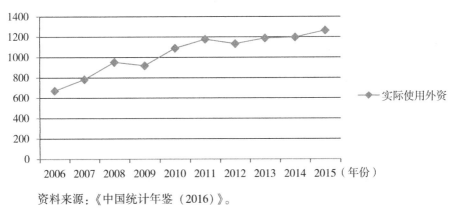

资料来源：《中国统计年鉴（2016）》。

图 3-2 危机后中国 FDI 数据年度变化（单位：亿美元）

总体而言，外国直接投资（FDI）是有利于减贫的。FDI 是发展中国家长期经济增长的关键因素之一，而经济增长在减少贫困上具有核心作用。因此，国际金融危机造成中国的 FDI 下降，也进一步会对经济增长产生向下拉力，最终对贫困造成不利影响。其次，由 FDI 进入中国的大量外企也为中国劳动力提供了就业岗位，虽然存量比重较小，但是增量份额很大。因此，FDI负增长或增长放慢，对中国的就业会带来不利的影响。

另一方面，FDI对中国居民收入差距也会产生相对复杂的影响。一方面FDI在沿海地区过度集中，从而造成了内陆与沿海地区间的收入不平等。另一方面，外资企业的工资水平往往高于内资企业的工资水平，会造成外资企业劳动者收入与内资企业劳动者收入差距的扩大。因此，受国际金融危机冲击，FDI负增长或增长放慢可能会降低中国的收入差距；不过，这种减少相对贫困的产生，是以牺牲沿海地区经济发展和外资企业高素质劳动者收入为代价的。

四、价格调整渠道

国外学者通常认为，金融危机期间通货膨胀率的变化，尤其是在出现奔腾式的通货膨胀时，会给穷人的生活消费和实际工资收入带来负面影响。首先，通货膨胀本身是向货币资产征收的一种税收，由于非货币资产投资门槛的存在，穷人无法投资于非货币资产如股票、债券、房地产等，因此通货膨胀越高，穷人的货币资产损失越严重。其次，物价水平的上涨，意味着等值货币可购买的生活消费品数量下降。当物价水平上涨速度过快或幅度过大时，将导致穷人生活支出的大幅增加或者生活消费物品数量的减少，甚至连基本生活物资都无法确保。此外，在发展中国家，由于缺乏工会组织，穷人基本没有工资谈判能力，名义工资调整的步伐比不上物价指数上涨的速度，通货膨胀使实际工资大幅缩水。

但是，中国的情况并非如此。如表3-6所示，在国际金融危机期间，中国的物价水平没有出现大幅度的提高，相反在2009年的时候物价水平有小幅度下降。2010—2011年居民消费价格指数略有上升，其后基本稳定较低的水平。所以，总体上物价水平比较稳定，也就避免了物价上涨给穷人带来的不利影响。

表3-6　　　　　　　　　　危机后中国居民消费价格指数

年份	居民消费价格指数 （上年＝100）	农村居民消费价格指数 （上年＝100）	城市居民消费价格指数 （上年＝100）
2003	101.2	101.6	100.9
2004	103.9	104.8	103.3

续表

年份	居民消费价格指数 （上年＝100）	农村居民消费价格指数 （上年＝100）	城市居民消费价格指数 （上年＝100）
2005	101.8	102.2	101.6
2006	101.5	101.5	101.5
2007	104.8	105.4	104.5
2008	105.9	106.5	105.6
2009	99.3	99.7	99.1
2010	103.3	103.6	103.2
2011	105.4	105.8	105.3
2012	102.6	102.5	102.7
2013	102.6	102.6	102.6
2014	102.0	101.8	102.1
2015	101.4	101.3	101.5

资料来源：《中国统计年鉴（2016）》。

五、政府公共支出渠道

一般而言，受金融危机的影响，政府财政收入会出现下降趋势。为保持收支平衡，政府会削减公共支出，造成财政转移支付和公共服务的下降。相比富人，穷人更加依赖政府提供卫生医疗、教育和转移支付等公共物品。因此，在政府财政收入下降的情形下，如果进一步削减对穷人的转移支付和公共服务，金融危机就会对贫困会带来不利的影响。

就中国而言，如表3-7所示，为应对国际金融危机冲击，中国大幅度增加政府投资，在扭转宏观经济不断萎缩的局面的同时，社会居民的社会保障水平也实现了迅速提升；因此，在财政支出中，投资性支出和转移性支出出现较快的增长，而经常性业务支出增速相对较慢。2009年第一至四季度，国家财政支出累计分别以34.8%、26.3%、24.1%和21.5%的速度增长，政府消费累计分别以11.2%、8.3%、8.6%和10.2%的速度增长，财政支出增速明显高于政府消费增速。与2009年相似，2010年第一至四季度，国家财政支出累计分别以11.9%、

14.2%、20.6%和 17.4%的速度增长，政府消费累计分别以 10.6%、10.2%、10.5%和9.3%的速度增长，与政府消费增速相对平稳相较，财政支出增速要快得多。2012—2015 年，财政支出增速大幅放慢，而同期政府消费减速不太明显，所以，政府消费增速与财政支出增速差距缩小。

表 3-7   危机后中国财政支出与政府消费

年度	季度	财政支出增速	政府消费增速
2009	一季度	34.8 %	11.2 %
	上半年	26.3 %	8.3 %
	前三季度	24.1 %	8.6 %
	全年	21.5 %	10.2 %
2010	一季度	11.9 %	10.6 %
	上半年	14.2 %	10.2 %
	前三季度	20.6 %	10.5 %
	全年	17.4 %	9.3 %
2011	全年	21.6%	21.8%
2012	全年	15.3%	12.5%
2013	全年	11.3%	11.0%
2014	全年	8.3%	6.5%
2015	全年	13.2%	12.3%

资料来源：《中国统计年鉴（2016）》。2009—2010 年为累计季度数据，2011 年及其后为年度数据。

所以，在金融危机期间，中国政府采取了扩张性财政政策，增加了政府支出，尤其是政府投资和公共支出，特别是将保障和提高贫困人群的福利作为公共支出的重点部分。因此，就公共支出渠道而言，金融危机引发的政府扩张性财政政策和 4 万亿元的政府投资计划，有利于中国的减贫和提高贫困人口福利。

六、社会环境渠道

除了家庭或个人外，整个社会也会受到金融危机的巨大冲击，例如不同社会群体之间的敌视，社会关系、网络的破裂，甚至社会动荡和暴乱。2008 年 12 月开始的希腊骚乱正是金融危机引发社会动荡的典型例子。社会环境的恶化，对于穷困人口的不利影响可能在程度和影响时间上远大于短期的经济苦难（收入减少、贫困率上升、失业率上升），使穷人的处境"雪上加霜"。

伴随国际金融危机出现的还有粮食危机和能源危机，这三重危机对广大发展中国家的社会经济发展产生深层次的负面影响。中国在承受这三重危机的同时，还面临重大的自然灾害问题。2008 年初 21 省份遭受低温雨雪灾害，5 月爆发汶川大地震，6 月上旬华南、中南地区发生严重洪涝灾害，加上宁夏、新疆干旱等，种种不利因素综合国内其他社会问题（包括社会贫富差距大的问题，官员贪污腐败问题、社会道德滑坡问题等），促使中国的社会环境有加深恶化的趋势。近几年群体性事件的数量的增加也反映中国的社会环境趋于恶化，而且程度在加深。因此，危机下社会环境的恶化将会给中国带来更深层次的贫困问题。

第四章　国际金融危机对中国
贫困影响的实证考察

在经济金融全球化的背景下，通过国际贸易与资本流动、产业联动和心理预期等传导机制，国际金融危机也冲击和负面影响了中国宏观经济运行。在负面影响中国整体经济的前提下，通过经济增长、就业与工资、社会环境等渠道，国际金融危机对不同收入群体的冲击存在显著差异，对贫困群体的打击更加猛烈。但是，在国际金融危机影响中国贫困的这一重要问题上，国内学者的定性研究比较有限，更缺乏系统的定量研究。本章以经济增长为渠道，实证考察国际金融危机对中国贫困人口收入的影响；在此基础上，实证探讨国际金融危机对中国贫困群体就业和消费的冲击。

第一节　金融危机对贫困人口收入的影响

众所周知，国际金融危机对贫困人口收入的直接影响很难估计，一方面是目前没有合适的指标来衡量金融危机的大小和作用时间，只能是从某些宏观经济指标来估计；另一方面金融危机对贫困人口收入的影响十分复杂，难以全面评估。根据国内外学者研究成果，经济增长是减贫最直接有效的工具和手段。以收入最低的20%人口作为穷人的标准，Dollar 和 Kraay（2002）研究发现，在经济增长过程中，穷人的收入也会随 GDP 同步增长；并且，这种同步不受一国经济周期和国家的不同特征而受到影响。[①] 例如，改革开放以来，中国 GDP 年均增长率

[①]　Dollar, David, Aart Kraay. Growth is Good for the Poor. Journal of Economic Growth, 2002, 4：239-276.

高达 9% 以上；与此同时，中国的农村贫困人口从 1978 年的 2.5 亿人减少到 2015 年的 5575 万人；贫困发生率也从 1978 年的 31%，下降到 2015 年的 5.7%。

在 2008 年国际金融危机冲击下，World Bank（2011）的研究发现，不论亚美尼亚的经济增长，还是贫困状况都受到重创与打击；2009 年、2010 年亚美尼亚经济增长分别以 -8%、-2% 的速度锐减；与此同时，2009 年、2010 年亚美尼亚分别新增贫困人口 14.9 万和 3.1 万。① 以经济增长为渠道，主要借鉴 Word Bank（2011）的研究思路，本书分三步就国际金融危机对中国贫困人口收入的影响进行实证估计：第一步，通过国民收入核算方法，计算国际金融危机对中国经济增长的影响与冲击；第二步，运用省级面板数据，对经济增长与中国城镇贫困人口收入的长期均衡关系进行实证估计；第三步，根据第一、二步的计算结果，就国际金融危机对中国贫困人口收入的影响程度进行估算。

一、国际金融危机对中国经济增长的冲击

从 20 世纪 70 年代末开始，中国积极推行改革开放战略，将国内丰富的劳动力资源和全球化带来的资金、技术、市场等要素结合起来，充分利用制度、资本、技术、结构等后发优势，释放出巨大的增长潜力，并呈现加速崛起的态势。在国际金融危机期间，归因于外部市场收缩冲击，中国高速经济增长出现大幅下滑。在扩大政府支出、鼓励民间消费等刺激内部需求的经济政策作用下，作为新兴市场国家的典型代表，中国经济以迅速反弹和持续增长成为了推动后危机时期世界经济复苏的主导力量。

（一）总体影响分析

如图 4-1 所示，自 1998 年以来的中国经济一直稳定保持在高速平稳上升趋势中，在 2007 年增速达到最大（14.2%）。2008 年国际金融危机爆发，伴随危机的蔓延和渗透，中国经济开始呈现大幅下滑趋势。2008 年全年中国国内生产总值增速为 9.7%，比 2007 年减少 4.5%。2009 年初，宏观经济加剧恶化，第一季度 GDP 增长低至 6.4%，为亚洲金融危机以来最低的季度之一。

---

① World Bank. Armenia: Poverty Update Using Revised Poverty Lines. World Bank Other Operational Studies 2804, The World Bank, 2011.

资料来源：《中国统计年鉴（2016）》。

图 4-1 1998—2015 年中国 GDP 增速（%）

面对严峻的经济形势，中国政府出台了一系列刺激经济发展的政策措施。例如 4 万亿政府投资计划，实行结构性减税，提高部分出口商品退税率以及适度宽松的货币政策等。在注重扩大内需的积极财政政策和宽松货币政策作用之下，中国扭转了 GDP 进一步回落的趋势，在 2009 年第一季度经济增速仅为 6.4 个百分点的恶劣状况下，全年 GDP 增速仍然达到了 9.4%。在 2009 年末开始的全球经济复苏大背景下，中国逆转了进出口连续减少的趋势，2010 年对外贸易开始恢复，经济增长率也反弹至 10.6%。2011 年的经济增长率为 9.5%，大体与 2009年持平。如图 4-1 所示，因为以 4 万亿政府投资为代表的政策应对及其积极效果，危机期间中国经济的良好表现宣告了世界银行预言（2009 年中国 GDP 增速6.5%）的失败。但是，随着中国经济进入新常态，2012 年以来，中国经济增长速度出现一定程度的回落走势，宏观经济中高速运行。

（二）需求结构分析

从需求的角度看，一国 GDP 可以划分为最终消费、资本形成以及货物和服务净出口三大需求。在经济增长过程中，三大需求对 GDP 增长的贡献和拉动作用在不同年份会发生变化。如表 4-1 所示，由 2001 年以来的三大需求对 GDP 增长贡献率和拉动率的年度数据可以看出，相比资本形成总额、货物和服务净出口而言，最终消费支出对 GDP 增长的贡献率比较稳定，拉动率也变化不大：贡献率保持在 45% 左右，拉动率维持在 4~5 个百分点，在国际金融危机冲击之下，也并未发生较大的改变。在国际金融危机的影响下，与最终消费支出不同，资本形成总额以及货物和服务净出口这两大需求对 GDP 增长的贡献率和拉动率发生了相当明显的变化。资本形成总额对 GDP 增长贡献率在 2008 年是 53.2%，只是略高于最终消费支出的贡献率（44.2%），但是到了 2009 年却攀升到 86.5%，意味着 2009 年 GDP 增长主要依赖于投资的贡献。如果考虑到货物和服务净出口对 GDP 增长贡献率在 2009 年是 -42.6%，则更加突显中国经济增长是依赖于资本形成总额的突然大幅增加以维持 9.4% 的水平的事实。从需求对 2009 年 GDP 增长拉动百分点数值来看，资本形成总额对 GDP 增长拉动率为 8.1%，仅仅比该年的 GDP 增长率低 1.3 个百分点。与此同时，货物和服务净出口拉动 GDP 增长为负 4.0 个百分点。

表 4-1   三大需求对 GDP 增长的贡献与拉动

年份	最终消费		资本形成		净出口	
	贡献率（%）	拉动率（%）	贡献率（%）	拉动率（%）	贡献率（%）	拉动率（%）
2001	49.0	4.1	64.0	5.3	-13.0	-1.1
2002	55.6	5.1	39.8	3.6	4.6	0.4
2003	35.4	3.6	70.0	7.0	-5.4	-0.6
2004	42.6	4.3	61.6	6.2	-4.2	-0.4
2005	54.4	6.2	33.1	3.8	12.5	1.4
2006	42.0	5.3	42.9	5.5	15.1	1.9
2007	45.3	6.4	44.1	6.3	10.6	1.5
2008	44.2	4.3	53.2	5.1	2.6	0.3
2009	56.1	5.3	86.5	8.1	-42.6	-4.0
2010	44.9	4.8	66.3	7.1	-11.2	-1.3
2011	61.9	5.9	46.2	4.4	-8.1	-0.8

资料来源：《中国统计年鉴（2016）》。

由上面的分析可知，国际金融危机对中国经济增长的负面影响主要施加于对外贸易上，货物和服务净出口的锐减给 GDP 带来负的拉动。2009 年，受国际金融危机、中国外需市场大幅萎缩的冲击，货物和服务净出口对 GDP 的贡献率和拉动为负值，分别为-42.6%、-4.0%。面对国际金融危机的不利影响，为了促进经济增长，中国政府迅速推出的一揽子应对政策产生了积极的效果。尤其是，4 万亿政府经济刺激计划促成的资本形成大幅飙升，抵消了外需市场大幅萎缩的绝大部分的负面冲击，使 2009 年 GDP 增速维持在 9.4%的水平，并且使 2010 年 GDP 又重新突破 10%的高增长率。所以，中国政府采取的经济刺激措施在抵御国际金融危机负面冲击的作用十分显著，内需对中国经济的拉动作用迅速增强，并且大部分抵消了外需作用下降的负面影响。

（三）产业结构分析

从产业的角度看，GDP 由第一产业、第二产业、第三产业增加值三大部分构成。对国内三次产业，国际金融危机都会产生冲击与影响；但是，由于与国际市场（国际贸易与资本流动）的联系紧密程度不同，以及由产业联动渠道形成的产业溢出效应的不同，国际金融危机冲击三次产业的程度也具有很大差异。其中，第一产业受金融危机的冲击影响相对较小，而第二产业、第三产业受金融危机的冲击比较严重。

如表 4-2 所示，由 2001 年以来的三次产业对 GDP 增长贡献率和拉动率的年度数据可以看出，相比第二、第三产为而言，第一产业对 GDP 增长的拉动率变化不大，维持在大约 0.5 个百分点，在国际金融危机冲击之下，也并未发生较大的改变。在国际金融危机的影响下，由第二产业拉动率变化可以看出，第二产业对 GDP 增长的拉动率在国际金融危机发生前也是一路上升，由 2001 年的 3.9%攀升到 2007 年的 7.1%，金融危机发生后由 2007 年的 7.1%下降至 2008 年的 4.7%。与第二产业相似，从第三产业对 GDP 增长拉动率的表现来看，2001—2007 年，第三产业对 GDP 增长的拉动率不断由 4.1%提高至 6.7%，2008 年拉动率则降至 4.5%。在国际金融危机的冲击下，相对于第二、三产业而言，第一产业受到的负面影响较小；并且，在农产品价格上涨的积极影响下，2008 年第一产业增加值出现较快的增长，并且，其对 GDP 增长的贡献率和拉动率也有较大幅度上升。

表 4-2　　　　　　　　　　　三次产业对 GDP 增长的贡献与拉动

年份	第一产业		第二产业		第三产业	
	贡献率（%）	拉动率（%）	贡献率（%）	拉动率（%）	贡献率（%）	拉动率（%）
2001	4.6	0.4	46.4	3.9	49.0	4.1
2002	4.1	0.4	49.4	4.5	46.5	4.2
2003	3.1	0.3	57.9	5.8	39.0	3.9
2004	7.3	0.7	51.8	5.2	40.8	4.1
2005	5.2	0.6	50.5	5.8	44.3	5.0
2006	4.4	0.6	49.7	6.3	45.9	5.8
2007	2.7	0.4	50.1	7.1	47.3	6.7
2008	5.2	0.5	48.6	4.7	46.2	4.5
2009	4.0	0.4	52.3	4.9	43.7	4.1
2010	3.6	0.4	57.4	6.1	39.0	4.1
2011	4.2	0.4	52.0	5.0	43.8	4.1

资料来源:《中国统计年鉴（2016）》。

二、经济增长与中国贫困人口收入的长期均衡关系

在经济增长与贫困关系研究方面，一个基本结论是，经济增长能推动贫困人口收入提高，经济增长率越高，贫困人口收入提高越快。Kraay（2004）研究认为，三方面的原因决定着贫困的减少：较高的平均收入增长率、平均收入增长对贫困人口收入增长具有较高的弹性，以及以减贫为目标的经济增长模式。[1] 他对发展中国家的实证研究也表明，贫困减少主要归因于经济增长，其余归因于经济增长模式以减贫为目标。运用包括中国、印度等发展中国家的跨国数据，Roemer和 Gugerty（1997）的实证研究发现，经济增长 10% 能带动最穷的 40% 人口收入

---

[1]　Kraay Aart. When is Growth Pro-poor? Cross-country Evidence. Policy Research Working Paper Series 3225, The World Bank, 2004.

提高将近10%，带动最穷的20%人口收入提高9.21%。[①]

如前所述，在金融危机期间，第一产业受到的危机冲击影响不太明显，而第二、第三产业受到的危机冲击程度较大；所以，与农村贫困家庭相较，国际金融危机给城镇贫困家庭收入造成的负面影响更大。将城镇贫困人口收入作为贫困的衡量标准，本书对经济增长与中国贫困之间的长期均衡关系进行实证估计。

（一）模型设立

为了实证检验经济增长与中国贫困的长期均衡关系，本书建立初步模型如下：

$$\ln Yp_{i,t} = \beta_0 + \beta_1 \ln GDP_{i,t} + \beta_2 X_{i,t} + \varepsilon_{i,t} \tag{4-1}$$

其中下角标 t 为年份，i 为地区（省），$Yp_{i,t}$ 为贫困人口收入水平，$GDP_{i,t}$ 为各省 GDP，$X_{i,t}$ 为一系列影响贫困人口收入的控制变量，$\varepsilon_{i,t}$ 为随机误差项。系数 β_1 表示区域内经济增长对贫困人口收入的效应，如果经济增长能提高贫困人口的收入，系数 β_1 应为正数。由于贫困人口收入与 GDP 均取对数，该系数就是贫困人口收入对经济增长的弹性值，即 GDP 每增长1%，贫困人口收入提高的百分数。β_1 的绝对值越大，说明经济增长对提高贫困人口收入越有效。

（二）变量与数据说明

为了实证考察经济增长对中国贫困人口收入的影响，本书选取中国31个省份的数据，时间期限为2001—2011年。贫困人口的收入水平 Y_p，在5个收入等级分类中我们采用占总人口20%的城镇最低收入人群的平均收入来表示，并取其自然对数值，数据来自2002—2012年的各省统计年鉴。对于经济增长 GDP，本书采用各省国内生产总值，并取其自然对数值。此外，影响城镇贫困人口收入的一系列控制变量 X_{it} 主要包括：

第一，人口总数（Pplation）。其他学者在研究经济增长与贫困人口收入关系时几乎都是采用了人均 GDP，但本书需要度量 GDP 增长率与贫困人口收入增长

① Michael Roemer, Mary Kay Gugerty. Dose Economic Growth Reduce Poverty. Technical Paper supported by USAID under the Consulting Assistance on Economic Reform，(CAER) II project，contract PCE-0405-Q-00-5016-00. March 1997.

率之间的关系，因此在模型中加入人口总数来控制人口因素，计量分析过程中取其自然对数作为衡量指标。

第二，政府财政支出（Gov）。根据国际经验，一国政府对收入分配的调节主要采用支出的手段，财政支出在我国也是一项反贫困的重要政策工具。李永友和沈坤荣（2007）认为，通过实施有利于贫困群体的财政支出安排，增加贫困群体的收入水平，或减少贫困群体的支出义务，可以有效降低穷人相对于富人的非常贫困的感觉。[1] 郭宏宝（2006）[2]、胡绍雨（2009）[3] 的实证研究也表明，政府的财政支出可以明显影响一国或地区的贫困状况。本书采用各省份政府财政支出总额，并取其自然对数值。

第三，通货膨胀（Infla）。由于穷人收入较少，通货膨胀往往会对他们的福利带来较大的负面影响。但是如果高通货膨胀时期贫困人口的消费品物价保持稳定时，其福利水平是不会受到影响的。高通货膨胀往往伴随着就业的增长，增加贫困人口的就业，从而对贫困变动是有利的。本书采用城镇居民的 CPI 指数来衡量我国的通货膨胀水平，以考虑价格水平对城镇贫困人口收入的影响。

第四，基础设施（Infra）。Jahan 和 McCleery（2005）分析了基础设施对贫困减少的直接渠道和间接渠道。通过直接渠道，穷人可以从基础设施投资中获得更好的医疗和教育服务，更清洁的能源以及政府提供的保护；间接渠道包括生产率的提高，交通成本的下降和就业的上升。[4] Zou 等（2008）对中国的实证研究也表明，交通基础设施的发展能够有效地促进经济增长和减少贫困。[5] 考虑到数据的可获性，对基础设施发展水平，本书采用各省份公路里程数来作为代理变量，并且取其自然对数值。

上述变量的原始数据来源于《中国统计年鉴》、各省统计年鉴、《中国人口

---

① 李永友、沈坤荣：《财政支出结构、相对贫困与经济增长》，《管理世界》2007 年第 11 期。

② 郭宏宝：《财政投资与中国农村反贫困》，《南京财经大学学报》2006 年第 5 期。

③ 胡绍雨：《财政投资对我国农村反贫困影响效应分析》，《农村经济》2009 年第 4 期。

④ Jahan, S., R. McCleery. Making Infrastructure Work for the Poor, Synthesis Report of Four Country Studies. New Work: United Nations Development, 2005.

⑤ Zou Wei, Fen Zhang, Ziyin Zhuang, Hairong Song. Transport Infrastructure, Growth, and Poverty Alleviation: Empirical Analysis of China. Annals of Economic and Finance, 2008, 9 (2): 345-371.

统计年鉴》，经计算整理得出。为了减少数据变动幅度，我们对相关变量数据取了自然对数值；并且，本书的一些数量数据直接剔除了价格水平变动因素的影响。将全国 31 个省份 2001—2011 年的上述各项变量指标组成面板数据，对经济增长与中国城镇贫困人口收入的长期均衡关系，本书运用 STATA11 软件进行实证研究。

（三）计量结果分析

分别使用 Pool-OLS、固定效应和随机效应模型，运用中国分省面板数据，对模型（4-1）进行估计结果见表 4-3。其中，（1）～（5）依次为 Pool-OLS、单向固定效应、单向随机效应、加入时间效应的双向固定效应和加入时间效应的双向随机效应模型的计量结果。

表 4-3 　　　经济增长与中国城镇贫困人口收入的长期均衡关系估计结果

变量 \ 模型	（1）	（2）	（3）	（4）	（5）
_cons	0.097	−3.354[*]	−0.370	6.567[**]	4.176[***]
	(0.28)	(−1.84)	(−0.65)	(2.25)	(3.55)
lnGDP	0.456[***]	0.686[***]	0.734[***]	0.230[**]	0.361[***]
	(23.25)	(30.34)	(33.56)	(2.46)	(5.30)
lnPplation	−0.372[***]	−0.301[***]	−0.571[***]	−0.267[*]	−0.285[***]
	(−10.36)	(−3.65)	(−9.78)	(−1.92)	(−4.60)
lnGov	0.798[***]	0.0452[*]	0.320[*]	−0.276	−0.265
	(5.35)	(1.89)	(1.94)	(−1.34)	(−1.36)
Infla	−0.000201	−0.00267	−0.00138	0.000890	−0.00252
	(−0.06)	(−0.79)	(−0.65)	(0.33)	(−0.60)
lnInfra	−0.0265[**]	−0.0224[**]	−0.0121[*]	−0.00876[*]	−0.0167[*]
	(−2.27)	(−2.52)	(−1.81)	(−1.90)	(−1.88)
时间效应	NO	NO	NO	YES	YES
个体效应	NO	YES	YES	YES	YES
r^2_a	0.720	0.910		0.920	

变量 \ 模型	(1)	(2)	(3)	(4)	(5)
r^2_w		0.923	0.924	0.930	0.932
N	341	341	341	341	341

注：***、** 和 * 分别表示在 1%、5% 和 10% 水平上显著，括号内（·）数值为 t 检验值。

由表 4-3 的结果可知，经济增长（lnGDP）在所有估计模型中的系数都显著为正值，表明经济增长是提高城镇贫困人口收入水平的重要途径，这一结论与人们的直觉和国内外学者的观点相吻合。人口总数（lnPplation）在所有估计模型中的系数都显著为负，表明人口的快速增长会降低城镇贫困人口的人均收入水平。

在未加入时间效应的（1）、（2）、（3）估计模型中，政府财政支出（lnGov）的系数都显著为正的，在加入时间效应的（4）、（5）估计模型中则都没有通过显著性检验，表明政府财政支出总体上有利于城镇人口减贫，但不具有时间的一致性。通货膨胀（Infla）在所有模型中都没有通过显著性检验，表明对城镇贫困率及其程度，物价水平的变化没有什么根本性的影响。此外，基础设施（lnInfra）在所有模型中的系数都显著为负，这一结论与一些学者的研究结果不相一致。

进一步，对时间效应和个体效应，本书运用 LR 检验和 Wald 检验结果显示，在 1% 的显著水平上原假设遭到拒绝，表明从总体上看，时间效应和个体效应是存在的。所以，使用固定效应模型比 Pool-OLS 模型更有效，尤其是加入时间效应的双向固定效应模型效果更好。其次，为了比较固定效应与随机效应模型的效果，本书运用 Hausman 检验的结果显示，在 1% 的显著水平上原假设遭到拒绝，表明本书应该选择固定效应模型。所以，加入时间效应的双向固定效应模型（4），为本书最终确定的最优模型。根据表 4-3 中模型（4）的估计结果，城镇贫困人口收入（lnYp）与经济增长（lnGDP）之间的系数为 0.23，也就是，随着 GDP 增长 1%，城镇贫困人口收入就会提高 0.23%。

（四）稳健性检验

在上述 5 种不同的实证模型的估计结果中，经济增长（lnGDP）的系数均显著为正值，表明经济增长是提高城镇贫困人口收入水平的重要途径。进一步，本书实证考察在国际金融危机期间这种均衡关系是否发生变化，也说是，时间异质性是否会影响经济增长与城镇贫困人口收入的长期均衡关系。为此，在实证模型中，本书引入年度时间哑变量（j_t，2001 年时 $t = 1$，2002 年时 $t = 2$，……），将年度时间哑变量（j_t）乘以经济增长变量（lnGDP），形成时间增长交叉项（j_t lnGDP），在加入时间效应的双向固定效应模型中，以 j_t lnGDP 替代 lnGDP 进行检验结果见表 4-4。

表 4-4 　　　　　　　　　　　　　　　稳健性检验结果

变量	j_1 lnGDP	j_2 lnGDP	j_3 lnGDP	j_4 lnGDP	j_5 lnGDP	j_6 lnGDP	j_7 lnGDP	j_8 lnGDP	j_9 lnGDP	J_{10} lnGDP	J_{11} lnGDP
	0.168	0.177	0.180*	0.193*	0.199*	0.204*	0.210*	0.216*	0.221*	0.223*	0.212*
	(0.92)	(1.09)	(1.89)	(1.85)	(1.92)	(1.81)	(1.86)	(1.79)	(1.87)	(1.78)	(1.88)

注：***、** 和 * 分别表示在 1%、5% 和 10% 水平上显著，括号内（·）数值为 t 检验值。

如表 4-4 的结果所示，2003—2011 年时间增长交叉项（j_t lnGDP）系数在 10% 显著水平上显著，而且系数值均在 0.2 左右。在国际金融危机期间 2008 年、2009 年、2010 年和 2011 年的系数值没有多大变化，且与表 4-3 中采用加入时间效应的双向固定效应模型得到的系数值 0.230 也没有多少显著的差异。所以，在国际金融危机冲击下，经济增长与城镇贫困人口收入的长期均衡关系没有受到明显的影响，经济增长仍然能够显著提升城镇贫困人口的收入水平。

由上述实证结果可以发现，经济增长在提高中国城镇贫困人口收入上发挥着积极作用，具有积极减贫的效果，并且，国际金融危机对这种效果没有产生显著影响。但是，贫困人口从经济增长中分享到的好处较少，即使中国能保持每年 10% 的经济增长率，也只能带动贫困人口收入提高 2.3%。这种较低的带动率可能是源于贫困人口缺乏人力资本和物资资本，无法进入较高报酬或收益的行业；活动空间受限和精神状态低迷，偏离主流社会而日益边缘化。所以，纯粹依靠经济增长是无法实现贫困人口的脱贫致富，还必须从财政、税收和就业政策等方面着手。例如完善社会保障制度，继续扩大最低生活保障和救助制度的覆盖范围，提高最低生活保障标准；税收政策上可以提高奢侈消费品的税收、降低生活必需品的税收；制定有利于贫困人口的就业政策等。

三、金融危机对贫困人口收入影响的估算

本书主要运用反事实估计方法，评估国际金融危机对中国城镇贫困家庭收入的负面冲击。具体思路是，如果没有金融危机发生的情况下，基本宏观经济变量将保持在危机前平均值的正常水平，以金融危机期间的基本宏观经济变量实际水平减去正常水平就可得到基本宏观经济变量变化值。由上述基本宏观经济变量变化值加总，计算国际金融危机造成的经济增长损失，再将国际金融危机造成的经济增长损失乘以 $\ln GDP$ 与 $\ln Yp$ 之间的系数值 $\beta_1 = 0.230$，就可以评估金融危机以经济增长为渠道对城镇贫困人口收入的影响。

(一) 金融危机对中国贫困的影响估算：需求角度

从需求法角度，测算金融危机对贫困人口收入变化影响，本书以国际金融危机为分水岭，将金融危机发生前的 2001—2007 年的三大需求 GDP 拉动率的七年平均值作为正常水平，金融危机期间 2008—2011 年三大需求 GDP 拉动率作为实际水平，以三大需求 GDP 拉动率实际水平，减去三大需求 GDP 拉动率正常水平得到三大需求 GDP 净影响，最后将 GDP 净影响乘以 $\ln GDP$ 与 $\ln Yp$ 之间的系数值 $\beta_1 = 0.230$，就可以得到在金融危机冲击下，以经济增长为渠道中国城镇贫困人口收入变化，结果列于表4-5。

表4-5　　**GDP 净影响和贫困人口收入变化的估计值（需求角度）**　　（%）

指标		2008 年	2009 年	2010 年	2011 年
最终消费支出	实际水平	4.3	5.3	4.8	5.9
	正常水平	5.0	5.0	5.0	5.0
	GDP 净影响	−0.7	0.3	−0.2	0.9
	贫困人口收入变化	−0.161	0.069	−0.046	0.207

续表

指标		2008 年	2009 年	2010 年	2011 年
资本形成总额	实际水平	5.1	8.1	7.1	4.4
	正常水平	5.4	5.4	5.4	5.4
	GDP 净影响	−0.3	2.7	1.7	−1.0
	贫困人口收入变化	−0.069	0.621	0.391	−0.230
货物和服务净出口	实际水平	0.3	−4.0	−1.3	−0.8
	正常水平	0.4	0.4	0.4	0.4
	GDP 净影响	−0.1	−4.4	−1.7	−1.2
	贫困人口收入变化	−0.023	−1.012	−0.391	−0.276
合计	GDP 净影响	−1.1	−1.4	−0.2	−1.3
	贫困人口收入变化	−0.253	−0.322	−0.046	−0.299

注：正常水平是各指标金融危机爆发前（2001 年至 2007 年）的平均值，GDP 净影响是各需求实际 GDP 拉动率减去正常水平的 GDP 拉动率，贫困人口收入变化等于 GDP 净影响乘以 β_1；数字前面有符号"+"表示增加值，符号"−"则表示减少值。

由表 4-5 可以看出，金融危机期间资本形成总额、最终消费支出以及货物和服务净出口三大需求的 GDP 净影响，以及三大需求的 GDP 净影响带来的城镇贫困人口收入变化存在显著的差异。2008 年，三大需求对 GDP 净影响均为负值，其中最终消费支出的 GDP 净影响为−0.7%，是受影响最大的，其次是资本形成总额的 GDP 净影响为−0.3%，货物和服务净出口的 GDP 净影响相对较小为−0.1%；据此计算得到的三大需求对 GDP 拉动率减少带来贫困人口收入变化值分别为−0.161%、−0.069%和−0.023%，三者合计下降 0.253%。这里需要指出的是，金融危机爆发的 2008 年外需的减少并没有充分展现，经济下滑主要是内需疲软，尤其是最终消费不足。

2009 年，也是抵御金融危机关键的一年，可以看出 2009 年货物和服务净出口对 GDP 增长率负面拉动非常显著地达到了−4.4%，而资本形成对 GDP 拉动率是 2.7%，抵消了超过一半的净出口对经济增长的负面影响，最终消费对 GDP 拉动率是 0.3%。金融危机在 2009 年导致城镇贫困人口收入减少了 0.322%，比 2008 年高出差不多 0.1 个百分点。如果 2009 年没有 4 万亿政府投资等计划来提高中国国内资本形成的话，GDP 增长率和贫困人口收入的减少量就差不多会翻一番。2010 年，资本形成对 GDP 拉动率有所下降，但仍然高达 7.1%，最终消费对 GDP 拉动率为 -0.2%。金融危机对 GDP 和贫困人口收入影响集中表现在货物和服务净出口上，降低了 1.7 个百分点的 GDP 增长率，由此导致 2010 年贫困人口收入下降了 0.391 个百分点。2011 年，最终消费异军突起，对 GDP 正面拉动率是 0.9%，与此同时，资本形成、货物和服务净出口对 GDP 拉动率分别为 -1.0%、-1.2%，金融危机在 2011 年导致城镇贫困人口收入减少了 0.299%。

从需求角度来看，金融危机在 2008 年的时候并没有体现在外需锐减上，影响 GDP 和贫困人口收入，主要是资本形成、最终消费不足的问题。金融危机对贫困人口收入影响最大的年份是 2009 年，导致贫困人口收入增长率下降 0.322 个百分点，如果没有 4 万亿政府投资等计划来提高中国国内资本形成的话，城镇贫困人口收入的减少量就差不多会翻一番。2010 年，金融危机对 GDP 和贫困人口收入影响集中表现在货物和服务净出口上，不过资本形成仍然是得到 4 万亿政府投资的支撑依然大大高于正常水平。2011 年，最终消费异军突起，部分冲减了资本形成、货物和服务净出口的负面影响。总体而言，在国际金融危机冲击中国经济增长与城镇贫困方面，除作为主要渠道的净出口外，资本形成、最终消费不足也是两个重要的方面，只是中国政府一揽子经济刺激政策措施使问题没有完全暴露出来而已，2009 年资本形成和最终消费大大超过正常水平，2010 年也超过正常水平，2011 年略低于正常水平。

(二) 金融危机对贫困人口收入的影响：产业角度

从产业角度，运用类似需求角度的方法，将金融危机发生前的 2001—2007 年的三次产业 GDP 拉动率的七年平均值作为正常水平，金融危机期间 2008—2011 年三次产业 GDP 拉动率作为实际水平，以三次产业 GDP 拉动率实际水平减去三次产业 GDP 拉动率正常水平得到三次产业 GDP 净影响，最后将 GDP 净影响乘以 $\ln GDP$ 与 $\ln Y_p$ 之间的系数值 $\beta_1 = 0.230$，就可以得到在金融危机冲击下，以经济增长为渠道中国城镇贫困人口收入变化，结果列于表 4-6。

表 4-6 **GDP 净影响和贫困人口收入变化的估计值（产业角度）** （%）

指标		2008 年	2009 年	2010 年	2011 年
第一产业	实际水平	0.5	0.4	0.4	0.4
	正常水平	0.5	0.5	0.5	0.5
	GDP 净影响	0.0	−0.1	−0.1	−0.1
	贫困人口收入变化	0	−0.023	−0.023	−0.023
第二产业	实际水平	4.7	4.9	6.1	5
	正常水平	5.5	5.5	5.5	5.5
	GDP 净影响	−0.8	−0.6	0.6	−0.5
	贫困人口收入变化	−0.184	−0.138	0.138	−0.115
第三产业	实际水平	4.5	4.1	4.1	4.1
	正常水平	4.8	4.8	4.8	4.8
	GDP 净影响	−0.3	−0.7	−0.7	−0.7
	贫困人口收入变化	−0.069	−0.161	−0.138	−0.138
合计	GDP 净影响	−1.1	−1.4	−0.2	−1.3
	贫困人口收入变化	−0.253	−0.322	−0.046	−0.299

注：正常水平是各指标金融危机爆发前（2001 年至 2007 年）的平均值，GDP 净影响是三产业实际 GDP 拉动率减去正常水平的 GDP 拉动率，贫困人口收入变化等于 GDP 净影响乘以 β_1；数字前面有符号"+"表示增加值，符号"−"则表示减少值。

由表 4-6 可知，在国际金融危机冲击下，与第一产业相较，第二、第三产业对 GDP 的净影响，以及由此带来的城镇贫困人口收入变化较大。2008—2011 年，第一产业对 GDP 净影响的绝对值都为 0.1%，其中，2008 年第一产 GDP 的净影响提高城镇贫困人口收入 0.023 个百分点，2009—2011 年，第一产 GDP 的净影响均降低城镇贫困人口收入 0.023 个百分点。2008—2009 年，在金融危机冲击下，第二产业 GDP 拉动率出现大幅负增长，分别为−0.8%、−0.6%，第二产 GDP 的净影响降低城镇贫困人口收入 0.184 和 0.138 个百分点；2010 年，受益于中国政府经济刺激计划，第二产业增长大幅回升，对 GDP 净影响为 0.6%，高于正常水平，使城镇贫困人口收入上升 0.138 个百分点。2011 年，第二产业对

GDP 净影响为-0.5%，减少城镇贫困人口收入 0.115 个百分点。2008—2009 年，第三产业对 GDP 的净影响（为-0.3%、-0.7%）比第二产业要弱些，但 2010 年则比第二产业更强（为-0.7%），2011 年的影响也为-0.7%；由此减少城镇贫困人口收入分别为 0.069、0.161、0.138、0.138 个百分点。与前面需求法测算结果相同的表现是：2009 年城镇贫困人口收入受到金融危机的负面冲击最大，为-0.322%；2010 年城镇贫困人口收入变化最小，为-0.046%；居两者之间的是 2008 年城镇贫困人口收入下降 0.253 %，2011 年城镇贫困人口收入下降 0.299%。

总体来看，在国际金融危机的冲击下，2009 年城镇贫困人口收入受到的负面影响最大，减少 0.322%，其次是 2011 年、2008 年贫困人口收入分别下降的幅度为 0.299、0.253 个百分点，最后是 2010 年贫困人口收入减少幅度为 0.046%。这与前面的需求角度的估算结果是完全一致的。其次，从产业角度看，金融危机冲击力度最大的产业是第二产业、第三产业，对第一产业的影响相对较小。相应地，对城镇贫困人口收入带来的冲击，在第二、第三产业上金融危机表现较为显著，在第一产业上则不太明显。

根据上述实证结果可以发现，金融危机通过经济增长渠道对贫困人口收入产生了负面影响，而且 2009 年的影响程度最深。从需求角度来看，金融危机对贫困人口收入负面影响主要集中在货物和服务净出口需求的大幅下降，而中国应对金融危机的政策效果是通过资本形成的大幅提高来实现。从产业角度来看，金融危机对贫困人口收入的影响在第一产业上表现不太明显，而在第二产业和第三产业上则比较显著，并且第二产业的波动也是最大的。

第二节　国际金融危机对贫困群体的冲击

在实证考察国际金融危机影响中国城镇贫困家庭收入的基础上，根据危机期间中国城乡贫困群体人口现状与特征，实证探讨国际金融危机对中国城乡贫困群体的就业和消费等方面的冲击，以期更加全面地评估金融危机对中国贫困带来的冲击与影响。

一、危机期间贫困群体的状况与特征

（一）危机期间农村贫困群体的状况与特征

1978 年以来，高速经济增长极大地提高了我国城乡居民的收入水平，同时也带来了农村贫困的减少。如图 4-2 所示，根据国家公布的贫困线标准，1978 年我国的农村贫困人口高达 2.5 亿人，到 2007 年已下降到 1479 万人。2008 年提高了贫困线标准以后，贫困人口的统计数据有所提高，2009 年末，按照新公布的贫困线标准，我国农村贫困人口总体规模为 3597 万人。贫困发生率也从 1978 年的 31% 下降到 2009 年的 3.6%。从各省的情况来看，2008 年末，贫困发生率在 1% 以下的省份有 8 个，在 1% 与 5% 之间的省份有 15 个，高于 5% 的省份有 8 个，其中贫困发生率最高的是甘肃省，为 21.3%（中国农村贫困监测报告，2009）。[1]

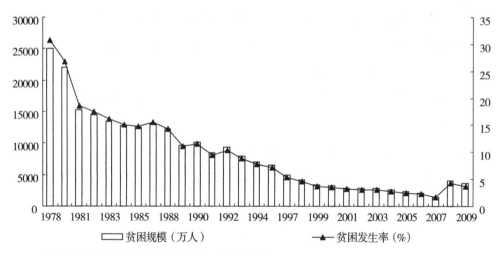

资料来源：《国研网统计数据库》，计算整理。

图 4-2　危机期间中国农村绝对贫困状况

随着我国农村贫困人口的大幅下降，其分布情况也发生了很大变化。从地区

---

[1]　国家统计局农村社会经济调查司：《中国农村贫困监测报告（2009）》，中国统计出版社 2009 年版。

分布情况来看，如表4-7所示，2000年，我国东部、中部、西部和东北的农村贫困人口占农村贫困人口总数的比重分别为6.4%、25.4%、60.6%和7.6%。2005年，相应的值分别为6.0%、28.2%、60.1%和5.6%。2008年，东部、中部、西部和东北地区的贫困人口分别是223万、1004万、2649万和131万，所占比重分别为5.57%、25.06%、66.11%和3.27%。中西部地区的贫困发生率也普遍高于东部地区。2008年，中部（3.4%）和西部（7.8%）地区的贫困发生率分别是东部（0.8%）的4.25倍和9.75倍。另一方面，从贫困人口减少的绝对量来看，中西部地区的减贫人口占主体。2000—2007年，农村的贫困人口总共减少1730万，其中，中部地区减少442万，西部地区减少955万，分别占总数的26%和55%。所以，我国反贫困的主要成绩来自于中西部地区，同时，中西部地区未来仍然是反贫困的重点区域。

表4-7　　　　　　　危机期间中国农村绝对贫困人口地区分布情况

项目	地区	2000年	2001年	2002年	2003年	2004年	2005年	2006年	2007年	2008年*
贫困人口规模（万人）	全国	3209	2927	2820	2900	2610	2365	2148	1479	4007
	东部	207	183	261	217	173	142	112	54	223
	中部	814	683	642	752	730	668	560	372	1004
	西部	1944	1856	1742	1698	1552	1421	1370	989	2649
	东北	244	204	175	233	156	134	107	64	131
贫困发生率（%）	全国	3.5	3.2	3.0	3.1	2.8	2.5	2.3	1.6	4.2
	东部	0.7	0.6	0.8	0.7	0.5	0.4	0.3	0.2	0.8
	中部	2.9	2.5	2.3	2.7	2.6	2.4	2.0	1.3	3.4
	西部	6.9	6.6	6.2	6.0	5.5	5.0	4.8	3.5	7.8
	东北	4.4	3.6	3.1	4.1	2.7	2.4	1.9	1.1	2.0
占农村贫困人口比重（%）	东部	6.4	6.3	9.3	7.5	6.6	6.0	5.2	3.65	5.57
	中部	25.4	23.3	22.8	25.9	28.0	28.2	26.1	25.15	25.06
	西部	60.6	63.4	61.8	58.5	59.4	60.1	63.7	66.87	66.11
	东北	7.6	7.0	6.2	8.0	6.0	5.6	5.0	4.33	3.27

注：＊2008年贫困线标准发生变化，与前面数据不可比。

资料来源：《国研网统计数据库》，计算整理。

改革开放以来，我国的农村扶贫工作取得了很大成就，但是，我国农村居民增收越来越难，贫困人口的脱贫速度也开始呈下降趋势，农村内部的居民收入差距也日益扩大，农村贫困状况也开始出现新的趋势与特征。

（1）农村贫困主要集中在老少边地区。老、少、边地区通常自然条件差、土地贫瘠、气候比较恶劣，当地的基础设施比较匮乏，信息也相对闭塞，扶贫难度比较大。根据《中国农村贫困监测报告（2011）》公布的数据，2010 年全国 147 个革命老区扶贫县贫困发生率为 9.6%，比全国平均水平高出 5.5%，贫困人口 438.7 万人左右，比上一年增加了大约 15.6 万人。2010 年民族自治地区①贫困发生率为 18.9%，比全国平均水平高出 14.5%，占全国贫困人口的 53% 以上，农村贫困人口规模最大。2010 年全国 42 个边境扶贫县贫困发生率约为 23.4%，比全国平均水平高出 19.3%，贫困程度最严重，贫困人口约 132.5 万人。

（2）农村居民内部收入差距逐步扩大。1978 年农村居民收入的基尼系数为 0.210，2008 年逐步上升到 0.378，农村贫富差距悬殊程度已经接近国际警戒线。随着大量农村转移劳动力外出务工，农村内部的居民贫富差距在逐步扩大，农村社会阶层也出现分化。从收入分组数据来看，2010 年农民家庭收入最低的 1/5 人口仅拥有全部农村收入的 6.2%，农民家庭收入最高的 1/5 人口拥有全部农村收入的 45.2%，前者是后者的 7.29 倍。

（3）农村贫困人口文化水平普遍偏低。作为衡量农村家庭成员综合素质的重要指标，我国贫困农户户主个人的受教育程度普遍较低。2010 年，我国贫困农户户主的文化水平大多数处在初中及初中以下水平，初中文化程度占 42%，小学文化程度占 39.8%，文盲和半文盲占 9.4%。尤其是，文盲和半文盲在农村贫困家庭所占的比例，要显著高于全国农村平均水平。例如，2010 年全国贫困农户 16 岁以上成人的平均文盲率为 16.1%，15~24 岁青年的文盲率平均为 3.0%，而全国农村平均文盲率则相对较低，分别为 8.5% 和 1.0%。因为文化程度低限制了劳动力向高收入的非农行业转移，文化水平普遍偏低构成了贫困发生的重要因素。

---

① 民族自治地区包括 5 个自治区、30 个自治州、120 个自治县。在统计过程中，自治区内的自治州、自治县，自治州内的自治县不重复统计。实际统计范围包括 5 个自治区、25 个自治州、85 个自治县。

（4）农村儿童贫困问题相当严峻。儿童能否摆脱贫困，对扶贫的长期效应至关重要。对于个体的人力资本积累，儿童时期是一个极其重要阶段，儿童的生存与发展是个人成长好坏的决定因素。《中国发展报告2007》的数据显示，与农村平均水平相较，我国农村儿童贫困发生率明显更高。1998年，农村贫困儿童的比例高达9.1%，是同期农村平均水平1.98倍；2005年农村贫困儿童的比例降至4.9%，但是仍是同期农村平均水平1.96倍。从地区结构上看，农村贫困儿童相对集中在西部地区。1995年，西部农村贫困儿童的比例为12.5%，分别是中部和东部地区1.62倍和2.12倍。2002年农村贫困儿童的比例有所减少，但仍是中部和东部地区1.88倍和2.56倍。西部与中部、东部的相对差距的扩大，说明西部地区儿童贫困的改善也慢于中部和东部地区。

（5）农村人口返贫问题比较严重。我国农村大多数贫困人口生活在入不敷出状态，例如，2008年50%以上的贫困农户家庭纯收入不足以支付维持生存的、基本的、必需的消费开支。贫困人口多集中在土地贫瘠、气候恶劣的地区，自然条件差，劳动生产力低下，收入增长困难。并且，这些地区自然灾害频发，社会医疗卫生水平普遍较差，一旦家庭遭遇自然灾害或疾病，很容易重返贫困状态，或者加重贫困程度。

（二）城镇贫困群体的状况与特征

1978年以前，我国实施了严格的户籍制度，城镇居民享受到较为平等的工资收入分配制度，以及基本生活资料定量供应制度，并且城镇企业单位也往往给职工提供了比较全面的福利供给，因此城镇贫困问题并不是很严重。但是，改革开放以后，随着计划经济向市场经济的转变，城镇居民不再享受到原有的相关福利待遇，国家对城镇居民的劳动就业制度、教育制度、住房制度、分配制度，以及社会保障制度都进行了市场化改革；另一方面，户籍制度的放松导致大量农村剩余劳动力涌入城镇，对城镇的就业和社会保障体系都产生了一定的冲击，我国的城镇贫困问题开始变得日益严重起来。

与农村贫困不同的是，我国长期以来没有制定权威的城镇贫困标准，也没有统一的贫困线。近些年来，部分国内学者开始重视和研究中国城镇的贫困问题。例如，运用Ravallion基本需求成本法，陈立中、张建华（2006）测算了中国转型时期（1986—2000 年）城镇贫困线水平;① 运用扩展的线性支出系统，对 2000—2004 年我国城镇贫困人口进行估算，骆祚炎（2006）的研究表明，期间我国城镇贫困人口由 2295 万人增加到 4071 万人。② 虽然缺乏国家权威部门的正式认定，但是，上述研究对判断中国城镇贫困状况具有重要的参考价值。

绝对贫困与相对贫困，是城市贫困的两种类型。就绝对贫困而言，各个城市一般制定的"贫困线"标准是"最低生活保障线"。以此为标准，领取最低生活保障补助的全国城镇绝对人口 1996 年为 84.9 万人，2001 年为 1170.7 万人（突破 1000 万人），2002 为 2064.7 万人（突破 2000 万人），2007 年进一步增至 2272.1 万人，2008—2010 年稳定在 2320 万人左右。所以，20 世纪 90 年代中期以来的城镇居民贫困状况的恶化是一个不争的事实。而且，在城镇贫困人口中，最低生活保障人口也只是一部分。此外，在进入城市的农民工中，收入仅仅能够维持生存的贫困人口超过 2500 万人。大规模的城镇贫困人口，已经成为了一个比较严重的城市和社会发展问题。

从地域分布情况来看，与农村贫困一样，中西部地区是中国城镇贫困的主要集聚区。根据王有捐（2002）的测算结果，我国中、东、西部地区 2000 年城市贫困人口分别为 582 万人、272 万人和 196 万人，在全国城市全部人口中，中西部地区拥有 53%左右的份额，但占有全国城市贫困人口接近 75%的比例。③ 全国总工会 2002 年进行的一项调查也显示，在全国城市贫困总人口中，中、东、西部地区的比重分别为 52.9%、21.9%、25.2%，其中，中、西部地区合计占 78.1%。具体来看，在中西部地区，城市贫困人口主要的集聚资源枯竭的矿山城市、老工业基地城市，以及"三线"企业所在的城市。

此外，如表 4-8 所示，对于我国城市贫困问题，亚行专家组的研究也表明，在东部沿海发达地区（如北京、浙江），城镇贫困发生率比较低，而在西部欠发达地区（如宁夏、西藏），城镇贫困发生率普遍较高。中部地区居两者之间，并且中部六省内部城市贫困率也存在较大的差异，其中，湖南、安徽、江西处于次低区域，湖北处于平均区域，河南、山西则处于最高区域。

---

① 陈立中、张建华:《中国城镇主观贫困线测度》,《财经科学》2006 年第 9 期。
② 骆祚炎:《我国城镇贫困人口规模再估算》,《财经科学》2006 年第 9 期。
③ 王有捐:《对目前我国城市贫困状况的判断分析》,《市场与人口分析》2002 年第 6 期。

表4-8 中国城市贫困人口的地区分布情况

贫困发生率	最低 （0%～2%）	次低 （2%～4%）	平均 （4%～6%）	次高 （6%～8%）	最高 （8%以上）
省份	北京 江苏 浙江 广东	上海　福建 湖南　广西 云南　安徽 江西	河北　湖北 贵州　重庆 青海　山东 四川	天津　内蒙古 辽宁　吉林 海南　新疆 陕西　黑龙江 甘肃	河南 山西 宁夏 西藏

资料来源：亚行专家组：《中国城市贫困问题研究》，2004。

与我国社会经济政治体制的转轨相伴，中国城镇贫困问题日益突出，并呈现一些明显的特征。

（1）一是中国城镇贫困人口的结构出现较大变化。改革开放前，"三无"人员构成了我国城镇贫困人口的主体。总体上看，无固定收入来源、无基本的劳动能力、无法定赡养人的"三无"人员，数量基本上保持稳定，并且比重不大，对社会结构的冲击也比较小。但是，根据民政部公布的的数据，在2006年城镇最低生活保障人群中，在职人员、下岗人员和失业人员分别占4.36%、15.63%和18.79%，而"三无"人员仅占4.16%。所以，随着经济体制的转轨和社会体制的调整，"三无"人员不再是我国城镇贫困人口的主体，而是下岗和失业人员、困难企业职工和退休职工。其次，随着城市化水平的进一步提高，农民工贫困问题已经日益严重。中国目前的户籍制度有所放松，但是，在身份上农民工人群与城市人口还是存在着本质差别，他们几乎得不到任何形式的城市社会保障。所以，总体上，与城镇贫困人口相较，农民工的生存问题可能更为严重，其陷入贫困的可能性更大，程度也更深。①

（2）我国城镇贫困主要是由体制原因造成的。大多农村贫困可归因于自然灾害、土地贫瘠或者是恶劣的环境条件。与农村贫困不同，城镇贫困主要归因于社会制度的变化，是制度变迁的一种附产品。从发展经济学的角度来看，在经济结

---

① 王奋宇、李路路（2001）针对北京、无锡和珠海三市所进行的调查显示，乡城流动人口的贫困发生率远高于本地城镇居民和城镇间的流动人口的贫困发生率。

构变迁过程中就业均衡被打破，就会产生发展中国家的城市贫困。就业均衡被打破意味着一部分劳动力失业，如果失业人口无法重新就业获得工资收入就会陷入贫困。而某些法律制度，如最低工资法则进一步恶化了失业状况，增加重新就业的难度，产生更多的贫困人口。

在社会经济体制变革过程中，传统的经济社会制度逐步被打破，全新的制度建成和完善尚有待时日，于是就会出现一段制度调节的真空期，期间社会机制无法有效调节失业、居民收入差距和贫困，从而加重了城镇贫困问题。因为城镇贫困形成的原因与农村贫困不同，所以，城镇贫困的解决途径与农村贫困也存在差异。对农村贫困而言，重点是提高农村地区的落后生产力水平，通过提高农民收入实现贫困人口脱贫。对于这种由社会变革导致的城镇贫困问题，例如，城镇国有企业大规模改制过程中造成大量的工人下岗失业，是相关政策不兑现、改制过程不完善的后果，这种情况就只能通过社会机制的不断完善来逐步解决。

（3）我国的城镇贫困主要表现为相对贫困。虽然中国绝对贫困比例，主要是农村贫困呈现逐年下降趋势；但是相对贫困，尤其是城镇相对贫困比例却逐年升高。收入水平的极度低下造成的生存危机，是农村贫困的典型表现；与农村贫困不同，在城市中，处于绝对贫困状态的家庭只是少数，城镇贫困大多数表现为城镇内部收入不平等。2010 年，我国城市贫困人口数为 5000 万人左右，大约是按低保标准受保人数的 2 倍。改革开放初期，我国城镇居民收入的基尼系数为 0.16，2010 年为 0.318，城镇居民的内部收入差距逐步扩大。①

如图 4-3 所示，以全国平均水平为标准，从 2010 年我国城镇贫困家庭的收入和支出看，困难户的家庭人均消费性支出为 4256.81 元，只有全国平均水平（12264.55 元）的 34.7%，困难户的家庭人均可支配收入为 4197.58 元，只有全国平均水平（17174.65 元）的 24.44%。同时，在人均消费性支出与人均可支配收入方面，最贫和最富城镇家庭之间也存在极大的差别，最高收入户的分别是困难户的 6.8 倍和 11.16 倍。

二、金融危机对贫困群体就业的冲击

通过贸易和国际资本流动渠道，国际金融危机迅速地冲击到中国的实体经

---

① 根据《中国统计年鉴（2011）》公布的按收入等级分城镇居民家庭基本情况计算得到。

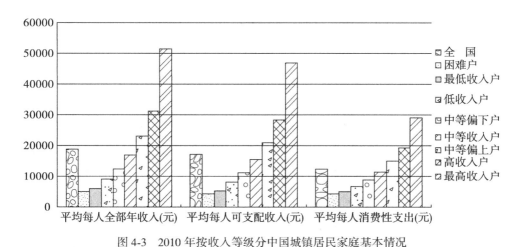

图 4-3　2010 年按收入等级分中国城镇居民家庭基本情况

注：根据《中国统计年鉴》（2011）公布的按收入等级分城镇居民家庭基本情况整理得到。

济，给我国就业带来了前所未有的冲击和挑战。根据 Agénor（2001）提出的劳动力贮藏（labor hoarding）理论，正式部门不会解雇教育程度高、工作经验丰富的劳动者，因为企业过去为他们提供了较高的人力资本投资；而是解雇那些教育程度不高、工作经验不太丰富的劳动者（通常是穷人），被解雇那些教育程度不高、工作经验不太丰富劳动者只有在收入水平较低、工作条件较差的非正式部门工作。[①] 所以，在金融危机对就业冲击的过程中，城乡贫困群体受到的影响和伤害更为严重。

（一）金融危机对就业冲击的结构特征

国际金融危机发生后，东部沿海地区出口外贸企业首先受到巨大冲击。2007年，在全国经济总量中，东部沿海地区 GDP 占 60% 左右，进出口贸易占大约91%。而且，2001 年以来，东部沿海地区一直是中国出口贸易高速增长的主力军。在金融危机、生产要素价格上涨、外需市场萎缩等各种因素的综合作用下，首先受到冲击的东部沿海地区的出口贸易企业。以广东省为例，占全国经济总量

[①]　Agénor, Pierre-Richard. Business Cycles, Economic Crises, and the Poor：Testing for Asymmetric Effects. World Bank Working Paper No. 2700, October 2001.

的 10%以上，占全国进出口贸易总额的 30%以上。正是因为以加工贸易企业为主，经济国际化水平较高；所以，在生产要素价格上涨、外需市场萎缩等各种因素的综合影响下，广东贸易企业的新增就业人数锐减了 33 万人，由 2005 年的 76 万人锐减降到 2007 年的 43 万人。

其次是制造业最容易受到冲击。在中国所有出口商品中，工业制成品占 95%以上，出口的工业制品来料加工比例较高，很大部分是对进口品加工之后出口的，所以，制造业就最容易受到外部市场萎缩的影响。除农业部门外，中国吸收劳动力就业最多的产业部门是制造业。不论大型制造企业，还是中小型制造企业都受到金融危机带来的冲击，尤其是金融危机对中小型制造企业的负面冲击更大。2008 年 1—9 月，受金融危机、外部市场萎缩的冲击，广东省先后倒闭的中小型企业 1.5 万家，主要分布在劳动密集型加工制造企业，如纺织、服装、塑料制品、电子元件等。

再次是外出农民工最容易遭受冲击。为外出农民工提供就业的行业中，出口企业、制造业的比例非常高。2006 年农业普查数据显示，农村转移劳动力 1.32 亿人，在制造业就业占其中的 56.7%。在农村转移劳动力中，30%以上集中在东部地区就业。在所有外出农民工中，大多数比较年轻，且 70%以上只是初中受教育程度，不但劳动技能较低，劳动经验也不足，所以最先被企业解雇。《劳动合同法》加强了外出农民工的劳动权益保护；但是，在政策安排上，城镇失业统计和失业保险体系并没入纳入失去工作岗位的农民工，返乡就成为失去工作岗位的农民工最后的无奈选择。对 11 个省份 120 个村庄，原农业部调研表明，2008 年 10 月，在金融危机的冲击下，外出农民工大约有 6.5%的返乡。也就是，按照 1.3 亿外出农民工估算，2008 年 10 月返乡农民工大约有 845 万人。

最后金融危机对城镇新增就业产生严重的挤压。在新一轮经济周期中，2007 年中国经济处于波峰位置。2008 年上半年开始中国经济处于下行态势，其后的经济下滑对城镇劳动力市场产生较大的冲击。再加上外部市场萎缩的冲击，出口快速下滑和 FDI 流入锐减，使得经济增长速度进一步放缓，中国经济的波动性加剧。在这种情形下，不仅制造业的劳动力需求会大幅下降，而且服务业的劳动需求也会受到很大的冲击，对城镇新增就业人口如毕业大学生就业产生严重的挤压。此外，金融危机冲击下部分制造企业倒闭，在外出农民工被解雇的同时，受过高等教育的劳动者也会被解雇，重新寻找就业机会，加大了城镇新增就业人口的就业压力。

综合来看，在国际金融危机对中国就业冲击过程中，一个显著的特点是，城镇登记失业率变化不显著，危机冲击主要发生在农民工就业市场。也就是说，国际金融危机后，首先主要因遭受美国等发达国家进口减少造成的外需市场疲软，对外向型中小企业制造业、沿海地区劳动密集型企业造成的冲击，并形成大规模裁员潮和失业潮。随着国际金融危机冲击的不断蔓延，再加上中国经济处在周期性的波谷和房地产的不景气，劳动力就业市场受到很大的影响与伤害。例如，广东省打工者总数为 2600 多万人，其中省外为 2000 多万人。在金融危机的冲击下，以 30% 的裁员率计算，失业的外来工就高达 600 多万人，与全国城镇登记的 800 多万人失业的数量相差不大。

（二）金融危机对农民工就业的冲击

随着国际金融危机负面影响的不断扩散，2008 年第三季度大批外出农民工开始提前返乡，最先、最深感受到国际金融危机引起的就业冲击。对农民工流动就业，国际金融危机的冲击与影响主要表现在两个方面：一是直接影响，指企业的倒闭破产，造成大量外出农民工失业，导致外出农民工提前返乡；二是间接影响，指劳动力市场的形势恶化，改变外出农民工的预期报酬，进而影响其外出务工决策。

1. 金融危机对农民工就业的冲击

农民工的统计口径范围涉及两部分：（1）外出农民工，即在本乡镇以外务工 6 个月及以上的农村转移劳动力；（2）本地农民工，即在本乡镇内从事非农自营活动或非农务工 6 个月及以上的农村转移劳动力。本书重点关注是第一部分的农民工，也就是在本乡镇以外务工 6 个月及以上的农村转移劳动力。

根据国家统计局对农民工监测调查的数据，2008 年全国农民工总规模总计 22542 万人。其中，本乡镇以外务工的外出农民工为 14041 万人，占全国农民工总规模的 62.3%。① 在 2009 年春节前，返乡的本乡镇以外务工的农民工大约

---

① 农民工监测调查是一种基于输出地的农村劳动力调查，其样本与常规住户调查的住户样本完全重合，涉及全国 31 个省（自治区、直辖市）、857 个县、7100 个村和 68000 个农村住户，定期收集农民工的相关统计信息。

7000 万人，大约占外出农民工总量的 50%。从外出农民工返乡原因看：4500 万人只是回家过年而返乡，占返乡农民工的 64.3%；1300 万人因工程季节性停工、家庭原因等非经济因素而返乡，占返乡农民工的 18.6%；1200 万人因金融危机冲击企业裁员、企业关停、找不到工作、收入低等因素而返乡，占返乡农民工的 17.1%；所以，在金融危机冲击与影响下，1200 万农民工被迫返乡，占全部外出农民工总数的 8.5%。

在外出从业人员的人力资本、月收入水平、行业分布，以及是否参加了社会保险或签订了劳动合同方面，从农民工监测调查数据分析，金融危机对农民工就业的冲击具有以下明显特征：

一是从人力资本水平看，在金融危机冲击下，返乡的外出农民工人力资本水平普遍偏低。就教育程度而言，在所有外出农民工中，高中及以上文化程度的平均比例为 22.2%，其中，2008 年春节前返乡的外出农民工中，高中及以上文化程度的只占 18.1%，尤其是因金融危机而返乡的外出农民工这一比例更低，仅为 16.6%。从培训经历来说，在所有的外出农民工中，参加过培训的平均比例为 30.2%，2008 年春节前返乡的外出农民工参加培训的比例降为 29.5%，因金融危机而返乡的外出农民工参加培训的比例进一步降至 29.1%。从外出工作经验看，在所有的外出农民工中，平均工作经验为 3.1 年，2008 年春节前因金融危机而返乡的外出农民工的工作经验仅为 2.5 年。

二是从月收入水平看，因金融危机而返乡的外出农民工的平均收入水平普遍偏低。具体而言，与所有外出农民工的月收入平均水平相比，2008 年春节前返乡的农民工的月收入水平与其非常接近；但是，因金融危机而返乡的外出农民工的平均收入水平，却显著低于所有外出农民工的平均水平。

三是从行业分布看，与所有外出农民工从事的行业分布进行比较，2008 年春节前返乡的外出农民工中，较高的比例就业于建筑业，而在春节前因金融危机而返乡的外出农民工中，较高的比例就业于制造业。在所有外出农民工中，占 42% 的比例从事制造业；而在 2009 年春节前因金融危机而返乡的外出农民工中，高达 54.8% 的比例从事制造业。以制造业为参照组，因金融危机建筑业中就业的农民工返乡的概率，与制造业没有本质差别；但是，就业于住宿和餐饮业、批发和零售业、交通运输仓储邮政业、居民服务和其他服务业的外出农民工，因金融危机而返乡的概率仅为制造业的 0.63 倍、0.41 倍、0.52 倍和 0.59 倍，所以，在金融危机的冲击下，不同行业就业的外出农民工受到的影响存在很大的差异。不幸的是，外出农民工就业最集中的两个行业为制造业和建筑业，它们吸纳了60%的外出农民工总量。

四是从是否参加了社会保险或签订了劳动合同看，参加了社会保险或签订了劳动合同的外出农民工，因金融危机而返乡的概率相对较低。与签订 1 年以上劳动合同的农民工相比，没有签订劳动合同的外出农民工因金融危机而返乡的概率要增加 22%。与参加了养老保险的外出农民工相比，雇主没有缴纳养老保险的外出农民工因金融危机而返乡的概率要上升 26%。与没有遭遇工资拖欠的外出农民工相比，被拖欠工资的外出农民工因金融危机而返乡的概率要高出 1.43 倍。

从上述四个方面的特征，我们不难作出以下判断：在对农民工就业产生比较严重的整体负面影响的情况下，国际金融危机对农村低收入或贫困群体的就业冲击更加猛烈。

上述观点的进一步的证据是，根据 2009 年第一季度农民工监测调查数据，在 2009 年第一季度末，春节前返乡的农民工继续外出就业的比例为 71.8%。但是，同期，因金融危机而返乡的农民工继续外出就业的比例相对较低，只有56.7%。具体而言，因找不到工作而返乡的外出农民工，春节后继续外出就业的概率下降了 25%；因企业关停而返乡的外出农民工，春节后继续外出就业的概率降低了 35%；因企业裁员而返乡的外出农民工，春节后继续外出就业的概率减少了 45%；因收入低而返乡的外出农民工，春节后继续外出就业的概率锐减了60%。上述数据表明，因为遭受金融危机的直接就业冲击，春节前返乡的部分农民工对外出就业丧失了信心，暂时不再选择继续外出就业，成为"沮丧的劳动者"。

与此同时，对返乡农民工是否继续外出就业，职业培训、教育和外出工作经验等人力资本特征变量具有非常显著的影响。与参加过职业培训的农民工相比，没有参加过职业培训的返乡农民工继续外出的概率会减少 12%。每增加 1 年的受教育年限，返乡农民工继续外出就业的概率平均会增加 4%。与小学及以下文化程度的外出农民工相较，高中或中专文化程度的返乡农民工继续外出的概率要高出 24%，大专及以上文化程度的返乡农民工继续外出的概率更要高出 168%。

2. 农民工返乡对农村就业的影响

2008年国际金融危机发生后，我国农业生产与发展仍然受到较大的不利影响，再加上大量农民工返乡，并由此对农村就业产生冲击。基于有关数据资料，可以就金融危机对农村就业情况（规模、结构与质量）进行评估。

一是金融危机使农村劳动力整体过剩呈现骤然性反弹态势。国际金融危机发生后，因为第二、三产业受到严重冲击，大量农民工回流到第一产业。据国家统计局抽样调查，在农历2009年春节大约有2200万农民工返乡后失业，上述数据与涉及15个省、150个村，原农业部开展的返乡农民工失业调查结果基本吻合。不言而喻，2200万返乡失业农民工都将先后加入农业过剩劳动力队伍，从而造成多年来波动不大的农业劳动力过剩曲线急剧上升。2009年6月以后，虽然部分返乡农民工逐渐返回城镇就业，但是，根据对涉及华东、华北、中南、西南16个省市的抽样调查，直到2009年8月底返乡农民工仍然有高达1600万左右的人滞留农村。因为常年在外务工，家中承包土地经营权由本人或当地村委会流转，大多数被迫回乡的农民工既无地耕种，在短时间内难以找到新的就业机会，成为显性"剩余劳动力"。在失去以前的经济来源，这些返乡失业农民工基本的吃住、子女上学和医疗等问题都无法解决，从而成为农村新的贫困群体。

二是金融危机使农村就业结构与质量出现重大变化与调整。20世纪90年代以来，我国乡镇企业已经出现明显的边际就业增长效应递减趋势。1980—1990年，我国乡镇企业就业人数由3000万人增加到9265万人，10年期间实现了208.83%的快速增长；1990—2000年，我国乡镇企业就业人数由9609万人增加到12820万人，10年间增长幅度为33.42%，比上个10年减少了175.41个百分点；2000—2007年，我国乡镇企业就业人数仅从12820万人增加到15090万人，仅增长了17.71%。在国际金融危机冲击下，如果按照最近10年乡镇企业劳动就业增长的递减趋势，并考虑金融危机后3~5年的衰退与恢复期，下一个10年乡镇企业劳动就业增长将进一步萎缩到4%左右，也就是只有600万人左右新增累计就业人数，600万还不及中国一年新增农村劳动力的数量。与此同时，乡村个体工商户和私营企业的就业增长也会按照乡镇企业的趋势发展，出现停滞不前。此外，在金融危机冲击下，城市就业增长曲线也会出现3~5年的停滞期。在这些因素共同作用下，更多的新增农村劳动力处于过剩状态，并且不得不向农业领域淤塞。所以，农村剩余劳动力大规模向农业流动的趋势大大强化，农村就业结构与质量出现重大变化与调整。

(三) 金融危机对城镇居民就业的冲击

除农民工外，国际金融危机对城镇居民的就业也产生了一定的冲击。根据金融危机期间我国城镇劳动力市场的就业状况，综合反映就业水平的数据指标，如登记城镇失业率、新增城镇就业量，以及典型城市劳动力市场求人倍率①等供求状况的变化情况，本书分三个阶段考察金融危机对城镇居民就业的冲击。

一是 2008 年 10 月—2009 年 6 月。在此阶段，国际金融危机开始波及我国城镇劳动力市场，并逐步造成严重影响。2008 年第三季度，城镇登记失业率由 4.0 个百分点增至 4.2 个百分点，继续攀升至 2009 年的 4.3 个百分点。如图 4-4 所示，部分城市劳动力市场求人倍率从 0.97 骤降为 2008 年第四季度的 0.85，为 2002 年以来的最低水平，2009 年第一、二季度也始终维持在历史低位（0.9 以下）。从 2008 年第三季度开始，如表 4-9 所示，各季度用人需求变动幅度由正转负，直到 2009 年上半年需求人数增量也一直为负。

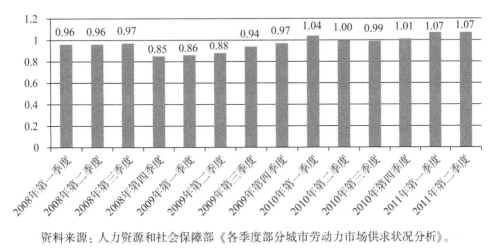

资料来源：人力资源和社会保障部《各季度部分城市劳动力市场供求状况分析》。

图 4-4 金融危机期间各季度求人倍率

---

① 求人倍率指劳动力市场需求人数与求职人数之比，表明每个求职人员所对应的岗位个数。该比率越大，说明岗位供给数相对于需求数越充足。

表4-9　　　　　　　　金融危机期间各季度用人需求变动情况

年份/季度	需求人数增量（万人）	百分比（%）
2008/1	35.0	11.0
2008/2	20.0	4.7
2008/3	−24.6	−5.5
2008/4	−32.5	−9.3
2009/1	−15.4	−3.3
2009/2	−0.6	−0.1
2009/3	66.0	14.2
2009/4	125.0	36.2
2010/1	139.0	35.4
2010/2	145.6	31.7
2010/3	114.0	21.8
2010/4	61.7	15.7
2011/1	31.7	7.1
2011/2	8.0	1.6

资料来源：人力资源和社会保障部《各季度部分城市劳动力市场供求状况分析》。

二是2009年7月—2009年12月。在此阶段，为应对国际金融危机冲击，国家实行的经济刺激计划开始发挥效果，城镇劳动力市场的供求形势逐步出现好转的迹象。除登记城镇失业率指标继续停留在历史高位（4.3%）外，其他反映就业水平的指标均逐步走出困境。2009年第四季度，新增城镇就业形势开始好转，新增城镇就业达到251万人。如图4-4所示，求人倍率走出历史低俗，恢复到0.9以上的水平，与危机爆发前持平。2009年第四季度，如表4-9所示，用人需求人数增量出现大幅增加125万人，同比增长36.2%。

三是2010年1月—2011年6月。在金融危机冲击下，中国经济增速2010年仍然超过了10%，为10.6%，2011年前两季度GDP增速为10.1%。受中国宏观经济运行良好的正面刺激，城镇劳动力市场供求状况出现明显的改善。2010年上半年城镇登记失业率下降0.1%，下半年再降0.1%，维持在4.1%的水平上。与之同时，城镇新增季度就业量也呈现持续增长的态势；如图4-4所示，求人倍率高达1.07,已经远远超过了金融危机前的水平。自2010年第一季度开始,如表4-9所示,各季度用人需求呈现大幅持续增长的态势,到了2011年上半年,用人需求增速有所放缓。

根据上述危机期间三个阶段我国城镇劳动力市场的就业状况,不难发现,相对于农民工就业的冲击,国际金融危机对城镇居民就业的影响要小得多,恢复得也快。尽管这样,考虑到危机对城镇居民就业影响的不均衡性,也就是对城镇低收入群体或贫困群体的影响更大,国际金融危机对城镇贫困群体就业的影响不可忽视。

一是城镇登记失业率上升,使困难群体就业更加困难。2008年第三季度,城镇登记失业率同比上升0.2%,城镇失业人数增加了56万,创下三年来的新高。在金融危机的冲击下,企业往往是最先裁掉低素质与技能的灵活就业群体,造成大量城镇贫困群体就业人员转为失业,并且,就业形势的不佳又进一步导致城镇贫困群体再就业比较困难。

二是新增城镇就业同比大幅下降,企业用工需求急剧减少。2002年以后,至金融危机发生前,每年我国新增1000多万个就业岗位,就业岗位保持了连续净增长。在金融危机冲击下,外部需求锐减,企业生产和劳动需求大幅萎缩,直接影响到新增就业的增长。国际金融危机发生后,全国城镇新增就业同比持续大幅减少,城镇新增就业人数2008年12月仅为38万人,比同年1月下降了54.2%。求人倍率从0.97骤降为2008年第四季度的0.85,创下了近10年的最低点。城镇就业需求的减少,造成大学毕业生就业矛盾异常突出。高等院校毕业生2009年达到610万人的新高,比上一年增长9%,相反,企业对大学毕业的招收数量却减少了20%。2009年上半年就业状况的抽样调查数据显示,城镇16到24岁青年失业率比平均失业率高出一倍多,高达11%。

三是虽然城镇贫困群体就业率有所恢复,但工作时间和收入大幅减少。在国际金融危机的冲击下,国家经济刺激计划使城镇贫困群体就业状况短期虽有所好转,但就业基础并不稳固。在新增就业人员中,30%~40%为灵活就业人员,这一群体仅占有0%左右参加了社保,余下的50%因没有社保支撑,处于不稳定就业状态。与此同时,还普遍存在工作时间减少,报酬减少的情况。

三、金融危机对贫困群体消费的影响

(一) 对贫困群体消费支出的影响

在国际金融危机冲击下，农村居民 2009 年人均纯收入 5153 元，比 2008 年增长了 393 元，增速为 8.2%；扣除价格因素影响，实际增速为 8.5%，同比增速上升 0.5%。同期，贫困农户人均纯收入为 983 元，比 2008 年减少了 0.6%，扣除价格因素影响，比上年实际减少 0.3%，2009 年，贫困农户人均纯收入仅为全国农村居民平均水平的 19.1%。

受金融危机所致的人均纯收入负增长的影响，农村贫困人口的消费支出也停滞不前。如表 4-10 所示，全国农村居民 2009 年人均生活消费支出 3993 元，比上年增长 332 元，增速为 9.1%，扣除价格因素影响，实际增速为 9.4%。2009 年农村贫困人口人均生活消费支出 1022 元，比上年增加 1.3 元，增长 0.1%，扣除价格因素影响，实际增长 0.4%。贫困人口的人均生活消费支出为全国平均水平的 25.6%。

表 4-10 **2009 年农村居民生活消费支出**

指标	全国农户			贫困农户		
	金额 (元)	增长 (%)	构成 (%)	金额 (元)	增长 (%)	构成 (%)
生活消费支出	3993.5	9.1	100	1021.7	0.1	100
食物支出	1636.0	2.3	41.0	691.6	-1.6	67.7
衣着支出	232.5	9.8	5.8	58.4	3.0	5.7
居住支出	805.0	18.6	20.2	88.9	2.9	8.7
家庭设备与服务支出	204.8	17.7	5.1	37.0	6.9	3.6
交通通信支出	402.9	11.9	10.1	55.7	2.8	5.5
文教娱乐支出	340.6	8.3	8.5	29.6	-6.0	2.9
医疗保健支出	287.5	16.9	7.2	48.0	14	4.7
其他商品服务	84.1	9.6	2.1	12.4	5.1	1.2

资料来源：国家统计局住户调查办公室：《中国农村贫困监测报告 (2010)》，中国统计出版社 2011 年版。

（二）对贫困群体食物消费的影响

受金融危机冲击，2009 年全国农村居民食品消费支出人均 1636 元，比上年增加 37 元，增长 2.3%，增速下降 12.8 个百分点。食品支出占生活消费总支出的比重，即恩格尔系数为 41%，比上年下降 2.7 个百分点。2009 年食品支出份额下降的主要原因是食品价格下降幅度明显大于其他消费品。

表 4-11　　　　　　　　　　　2009 年农户食物消费量

指标	全国农户		贫困农户	
	消费数量（公斤）	增长（%）	消费数量（公斤）	增长（%）
谷物	242	-1.6	189	0.3
蔬菜	129	1.1	76	-1.5
肉类	28	9.8	13	9.8
蛋类	7	0.3	2	4.9
奶类	4	7.9	2	16.9

资料来源：《中国农村贫困监测报告（2010）》。

如表 4-11 所示，全国农村居民全年平均每人消费谷物 242 公斤，较上年下降 1.6%①；蔬菜 129 公斤，较上年增长 1.1%；肉蛋奶 40 公斤，较上年增长 9.8%。每人每天摄入热量 2386 大卡，蛋白质 71 克，分别比上年增长 0.4% 和 1.1%。贫困人口人均食物支出为 870 元，比上年增加 22 元。与上年相比，全年谷物消费量增加 0.6 公斤，蔬菜消费量减少 1.2 公斤，肉蛋奶增加 1.5 公斤。每天摄入热量增加 19 大卡，蛋白质增加 0.7 克。贫困人口的饮食水平虽略有改善，但肉、蛋、奶的平均消费量还不及全国农村居民平均水平的一半。食物消费的不足，将对贫困农户的营养与健康状况产生不良影响，并减弱其内生的脱贫能力，容易形成贫困的代际传递。

———————

①　"农户食物消费量"的分析采用"标准人"概念，即将不同人群按照一定的系数折合为标准人计算食物消费量和营养素摄入。具体折算方法为：首先，依据中国营养学会推荐的关于不同年龄能量推荐摄入量（RNI）的数据折人口折算标准人；其次，对外出人口和在校学生，按在家居住时间折算，得到人口是标准人口。

（三）对贫困人口教育消费的影响

根据《中国农村贫困监测报告（2010）》，2009 年，全国农户 7～15 岁儿童在校率为 97.9%，比上年提高 0.3 个百分点。其中，7～12 岁儿童在校率为 97.8%；13～15 岁儿童在校率为 97.9%。贫困农户 7～15 岁儿童在校率为 97.3%，较上年提高 0.9 个百分点。其中，7～12 岁儿童在校率为 96.9%，较上年提高 0.4 个百分点；13～15 岁儿童在校率为 98.2%，较上年提高 1.9 个百分点。在中小学义务教育水平方面，贫困农户与全国农户的平均水平比较接近，两者没有太大的差异。

但是，如表 4-12 所示，在 2008 年达到最低点后，扶贫重点县农村学生的教育费用逐年攀升，尤其是义务教育阶段的学生费用更是这样。如 2010 年，农户平均为每个小学生支付的教育费用 346 元，比 2009 年高 60 元，比 2008 年高 84 元。随着收入的增长、消费水平的提高以及受消费价格上涨的影响，从扶贫重点县农户实际支出的教育费用看，在农村居民生活消费支出中教育支出所占的比例 2010 年开始恢复增长。假定三口之家培养一个学生，2002 年，全家当年生活消费支出中一个小学生 1 年的教育费用平均所占的比重是 9.2%，其后逐年减少，2009 年降至 4%，2010 年反弹到 4.3%；2002 年，全家当年生活消费支出中一个中学生 1 年的教育费用平均占的比重是为 25.4%，2008 年减至 12.2%，2010 年反弹到 12.7%。

表 4-12　　　　**扶贫重点县农村学生义务教育阶段的教育费用**

指标	2002 年	2005 年	2007 年	2008 年	2009 年	2010 年
小学教育费用（元）	312.9	307.6	271.0	261.7	286.1	346.1
小学教育费用/家庭生活消费支出（%）	9.2	6.7	4.7	4.0	4.0	4.3
初中教育费用（元）	861.3	849.9	828.9	806.7	876.6	1017.4
初中教育费用/家庭生活消费支出（%）	25.4	18.5	16.3	12.2	12.3	12.7

资料来源：国家统计局住户调查办公室：《中国农村贫困监测报告（2011）》，中国统计出版社 2012 年版。

　　所以，金融危机发生后，一方面贫困农户人均纯收入增长放慢，甚至增长为负；另一方面，中小学义务教育支出及其占全家生活消费支出的比重不断攀升。在上述两方面因素的共同作用下，随着时间的推移，贫困农户的子女的受教育水平就会相应地下降，进而不利于贫困人口人力资本的形成和脱贫能力的提升，并由此形成代际贫困恶性循环。

第五章　中国应对金融危机的政策 措施及其减贫效应

为应对国际金融危机的冲击，中国实施了包括积极的财政政策、适度宽松的货币政策在内的一揽子政策措施，这些政策措施从短期看，有利于扭转中国经济的下滑势头；从中长期来看，有利于解决中国经济的深层次矛盾和问题。在梳理中国应对金融危机的政策措施的基础上，本章实证探讨了主要政策措施的减贫效应。总体来看，这些政策有利于提高贫困人口收入水平和贫困地区的发展能力，但也有部分措施对减贫存在潜在的不利影响。

第一节　财政政策及其减贫效应

为应对国际金融危机的冲击，中国实施了包括扩大政府投资、减轻企业税负和补贴家电下乡在内的多项财政政策措施。整体而言，这些政策措施对于提高贫困人口收入水平、缓解农民工就业压力和改善贫困人口生活质量发挥了积极作用，有助于中国减贫工作的推进。

一、应对危机的财政政策

（一）"四万亿"政府投资

在国际金融危机全面冲击下，中国经济增长快速回落，商品与劳务出口出现负增长，外出农民工大批返乡，经济面临严重的硬着陆风险。为了应对这种经济危局，中国政府出台了"四万亿"投资计划，其中与贫困密切相关的内容包括以下几个方面：一是加快保障性安居工程建设，加大对廉租住房建设支持，扩大农村危房改造试点。二是加快农村基础设施建设，加大饮水安全工程、农村沼气和农村公路建设力度，完善农村电力网络，加大农村扶贫开发力度。三是加快公路、铁路和机场等重大基础设施建设。重点建设一批煤运通道项目、客运专线和西部干线铁路，完善高速公路网。四是加快文化教育、医疗卫生事业发展，推进中西部地区乡镇综合文化站和特殊教育学校建设，加快中西部农村初中校舍改造。五是加强生态环境建设。加快垃圾处理设施建设和城镇污水、重点流域水污染防治，加强天然林资源保护工程和重点防护林建设，支持重点节能减排工程建设。六是加快自主创新和结构调整。支持产业技术进步和高技术产业化建设，支持服务业发展。七是加快地震灾区灾后重建各项工作。

（二）增值税转型改革

2004 年 7 月，作为一项为纳税人减负的改革，在东北三省的石油化工业、装备制造业等 8 大行业开始进行增值税转型试点；2007 年 7 月，又将中部六省 26 个老工业基地城市的采掘业、电力业等八大行业纳入试点范围；2008 年 7 月，进一步将试点范围扩展到四川汶川地震受灾严重地区和内蒙古自治区东部五个盟市。在金融危机对中国实体经济的巨大冲击下，国务院决定自 2009 年 1 月 1 日起，全面推行增值税转型改革，在我国所有地区、所有行业推行增值税转型改革，将现行的生产型增值税转型为国际通用的消费型增值税。即在征收增值税时，允许企业一次性全部扣除购买固定资产交纳的增值税进项税金。改革主要内容如下：一是在维持现行增值税税率不变的前提下，允许增值税一般纳税人抵扣其新购进设备所含的进项税额。建筑物、构筑物和其他土地附着物等不动产，以及应征消费税的小汽车、摩托车、游艇等不属于增值税的抵扣范围。二是降低小规模纳税人增值税征收率，由原来的工业 6%、商业 4%，小规模纳税人增值税征收率统一降低至 3%。三是金属矿和非金属矿采选产品的增值税率从 13% 恢复到 17%，有利于公平税负，规范税制，促进资源节约和综合利用。四是取消进口设备增值税免税政策，取消外商投资企业采购国产设备增值税退税政策。

（三）"家电下乡"财政补贴

以往对农民的补贴重点在于促进生产，而家电下乡是则是直接拉动消费，家

电下乡财政补贴是对消费环节的补贴，农民只有购买了家电才给补贴。2007 年
12 月，在山东、四川、河南、青岛三省一市开始进行家电下乡试点，对非城镇
户口居民购买冰箱（含冰柜）、彩电、手机三大类产品给予财政资金直补，直补
标准为产品销售价格的 13%。在试点的三省一市继续实施的同时，2008 年 12 月，
经国务院批准，开始将地方积极性较高、家电销售及售后网络比较完善的内蒙
古、大连、辽宁、黑龙江、湖北、安徽、湖南、重庆、广西、陕西纳入推广地区
范围，共计 14 个省份及计划单列市。为抵御金融危机冲击，刺激农村消费市场，
改善民生，2009 年 2 月 1 日，在原来 14 个省市的基础上，家电下乡开始向全国
推广，产品也增到八大类，包括冰箱、彩电、手机、洗衣机、摩托车、电脑、热
水器和空调都同样享受国家 13%的补贴。为保持政策公平，在各地区家电下乡实
施的时间（含三省一市的试点时间、14 个省市的推广时间）统一暂定为 4 年。

二、"四万亿"政府投资的减贫效应评估

（一）"四万亿"投资的增长效应

在估算投资的增长效应方面，国内学者一般采用可计算一般均衡（CGE）模
型、投入产出分析和投资乘数分析等方法。因为缺乏 4 万亿投资具体项目分布及
资金安排明细数据，运用前两种方法估算投资的增长效应比较困难；所以，通过
中国居民的边际消费倾向来测算投资乘数，本书运用凯恩斯投资乘数分析法，估
算 4 万亿投资的增长效应。

1. 投资乘数及其作用条件

投资乘数发挥作用有三个前提条件：一是一国经济处在未达到充分就业的状
态下运行；二是必须有一定的存货可以利用；三是社会边际消费倾向介于 0 与 1
之间。目前，中国仍然具有明显的二元经济结构特征，农村地区还有不少剩余劳
动力；就存货而言，中国不存在物资供给不足的问题，而且相对短缺的物资也可
以从国外进口；最后，只要国民收入既用于储蓄，也用于消费就能满足边际消费
倾向介于 0 与 1 之间的条件。

此外，还需要考虑 4 万亿政府投资是否存在对私人投资的挤出效应。挤出效
应的大小取决于利率水平和信贷供给规模，可以通过利率下调和信贷规模扩张来

减轻挤出效应。事实上，为了配合 4 万亿投资计划，央行货币政策也进行了相应的调整，多次下调法定准备金率、存贷款利率，2009 年全年的新增贷款达到 9.6 万亿元，较 2008 年增长 95.3%，2010 年又新增贷款 7.9 万亿元。因此，在利率下调和贷款规模大幅扩张的情况下，4 万亿投资对私人投资的挤出效应微乎其微，可以不予考虑。

2. 估计方法与结果

由凯恩斯消费函数模型 $C = a + bY$（其中 C 为即期消费，a 为自主性消费，b 为边际消费倾向 MPC，Y 为当期可支配收入），边际消费倾向 $b = \Delta C/\Delta Y$（ΔC 是指消费的变动额，ΔY 是收入的变动额）。对于投资乘数，可以构建居民收入和居民消费之间的计量模型，估计两者的长期均衡关系得到边际消费倾向 b 的值，再根据凯恩斯投资乘数理论中的投资乘数公式 $k = 1/(1 - b)$，计算出投资乘数 k 的值（如杨汝岱、朱诗娥，2007；[1]方福前、张艳丽，2011[2]）。本书则运用一个简便可行的计算方法：

对公式 $b = \Delta C/\Delta Y$ 做简单的变形处理，可得

$$b = \frac{C_t - C_{t-1}}{Y_t - Y_{t-1}} = \frac{(C_t - C_{t-1})/C_{t-1}}{(Y_t - Y_{t-1})/Y_{t-1}} \cdot \frac{C_{t-1}}{Y_{t-1}} \tag{5-1}$$

(5-1) 式中，C_t 表示 t 时期的居民消费水平，Y_t 表示 t 时期的人均国民收入；$(C_t - C_{t-1})/C_{t-1}$ 是居民消费水平指数，$(Y_t - Y_{t-1})/Y_{t-1}$ 则是国民收入指数。根据 (5-1) 式，计算 2002—2011 年中国居民的边际消费倾向，结果见表 5-1。

表 5-1 　　　　　　　　　 **2002—2011 年中国居民的边际消费倾向**

年份	居民消费水平（元）	人均国民收入（元）	居民消费水平指数（上年=100）	国民收入指数（上年=100）	边际消费倾向
2002	4144	9398	107.0	109.5	0.430641
2003	4475	10542	107.1	110.5	0.411301
2004	5032	12336	108.1	110.5	0.399126

[1] 杨汝岱、朱诗娥：《公平与效率不可兼得吗？》，《经济研究》2007 年第 12 期。
[2] 方福前、张艳丽：《城乡居民不同收入的边际消费倾向及变动趋势分析》，《财贸经济》2011 年第 4 期。

续表

年份	居民消费水平（元）	人均国民收入（元）	居民消费水平指数（上年=100）	国民收入指数（上年=100）	边际消费倾向
2005	5596	14185	108.2	110.8	0.385207
2006	6299	16500	109.8	113.3	0.369964
2007	7310	20169	110.9	114.6	0.350559
2008	8430	23708	109.0	110.1	0.352088
2009	9283	25608	110.3	108.3	0.369165
2010	10522	30015	108.2	110.2	0.344437
2011	12272	35181	109.5	109.6	0.348485
平均值	—	—	—	—	0.376097

资料来源：《中国统计年鉴（2003—2012年）》。

根据表5-1中的边际消费倾向均值，计算凯恩斯投资乘数 $k=1/(1-b)=1/(1-0.376)\approx1.6$，进而4万亿投资将拉动中国GDP增长 $4\times1.6=6.4$（万亿）。这一结果与郭菊娥、郭广涛等（2009）[1] 和中国投入产出表分析应用课题组（2011）[2] 采用投入产出估算结果高度一致，后两者测算的结果均是4万亿投资对GDP总拉动效应为6.4万亿元左右。

（二）"四万亿"投资的减贫效应：规模角度

基于本书第四章的研究，经济增长与贫困人口收入增长之间存在长期均衡关系，两者之间的系数为 $\beta_1=0.230$。因此，只要测算出4万亿投资2009年、2010年和2011年对GDP拉动率，再乘以 β_1 便能得到4万亿投资在2009年、2010年和2011年的减贫效应。

按照既定的计划，4万亿投资主要在2009年、2010年分期投入，这里假定4万亿投资是平均分配的，也即2009年、2010年都是投入2万亿元。再考虑到投

---

[1] 郭菊娥、郭广涛等：《四万亿投资对中国经济的拉动效应测算分析》，《管理评论》2009年第2期。

[2] 中国投入产出表分析应用课题组：《基于2007年投入产出表的我国投资乘数测算和变动分析》，《统计研究》2011年第3期。

资从决策到实施，以及项目建设工期、产品需求传导等因素的影响，会出现"时滞效应"，也就是说 4 万亿元投资对 GDP 的拉动作用不只是存在于 2009 年、2010 年，而是延续到后面几年才能发挥完全部作用。对于上述"时滞效应"的处理，本书采用两种方法得到测算系数。

第一种是根据张军扩（1991），[①] 从投资转化为具有生产能力或能为生产过程服务的资本存在 6 年的时滞，并且第一年至第六年投资转化为资本的比例分别为 26%、26%、20%、12%、9% 和 7%。根据这种方法测算得到 4 万亿投资对 2009 年、2010 年、2011 年的 GDP 拉动效应分别为：$2×26\%×1.6 = 0.832$ 万亿（2009 年）；$2×26\%×1.6+2×26\%×1.6 = 1.664$ 万亿（2010 年）；$2×20\%×1.6+2×26\%×1.6 = 1.472$ 万亿（2011 年）。

第二种是根据中国投入产出表分析应用课题组（2011），大中型项目平均 4 年建设周期，2009 年的 2 万亿元投资在 2009—2012 年完成，2010 年的 2 万亿元则在 2010—2013 年完成，4 年期投资完成额的比重分别为 30%、45%、20%、5%。根据这种方法测算得到 4 万亿投资对 2009 年、2010 年、2011 年的 GDP 拉动效应分别为：$2×30\%×1.6 = 0.96$ 万亿（2009 年）；$2×30\%×1.6+2×45\%×1.6 = 2.4$ 万亿（2010 年）；$2×20\%×1.6+2×45\%×1.6 = 2.08$ 万亿（2011 年）。

中国 2008 年、2009 年、2010 年和 2011 年 GDP 分别为 31.95 万亿元、34.95 万亿元、38.66 万亿元和 42.33 万亿元，计算可以得到 2009 年、2010 年和 2011 年 GDP 增加额分别为 3.00 万亿元、3.71 万亿元和 3.67 万亿元，结合 GDP 增长率可以估算 4 万亿投资在 2009 年、2010 年和 2011 年对 GDP 的拉动率，[②] 结果见表 5-2。

由表 5-2 可知，4 万亿投资对 GDP 拉动作用是十分显著的。在第一种"时滞效应"测算方法下，2009 年、2010 年和 2011 年 4 万亿投资的 GDP 拉动率分别为 2.60%、4.74% 和 3.81%。也就是说，如果没有 4 万亿投资抵御国际金融危机冲击，2009 年、2010 年和 2011 年中国 GDP 增速会降至 6.80%、5.86% 和 5.69%。在第二种"时滞效应"测算方法下，2009 年、2010 年和 2011 年 4 万亿

---

① 张军扩：《七五期间经济效益的综合分析——各要素对经济增长贡献率测算》，《经济研究》1991 年第 4 期。

② 4 万亿投资拉动率 =（4 万亿投资拉动效应/GDP 增加额）×GDP 增长率，这里将 4 万亿投资拉动效应作为投资需求增量的一部分。

投资的 GDP 拉动率分别为 3.01%、6.86% 和 5.38%，如果没有 4 万亿投资保增长、促增长，2009 年、2010 年和 2011 年中国 GDP 增速则更低，分别降至6.39%、3.74% 和 4.12%。

表 5-2　　　　　　　　**4 万亿投资对 GDP 的拉动效应和拉动率**

	指　　标	2009 年	2010 年	2011 年
第一种"时滞效应"测算方法	4 万亿投资拉动效应（万亿）	0.83	1.66	1.47
	GDP 增加额（万亿）	3	3.71	3.67
	GDP 增长率（%）	9.4	10.6	9.5
	4 万亿投资拉动率（%）	2.60	4.74	3.81
	若无 4 万亿投资 GDP 增长率（%）	6.80	5.86	5.69
	提高城镇贫困人口收入（%）	0.60	1.09	0.88
第二种"时滞效应"测算方法	4 万亿投资拉动效应（万亿）	0.96	2.4	2.08
	GDP 增加额（万亿）	3	3.71	3.67
	GDP 增长率（%）	9.4	10.6	9.5
	4 万亿投资拉动率（%）	3.01	6.86	5.38
	若无 4 万亿投资 GDP 增长率（%）	6.39	3.74	4.12
	提高城镇贫困人口收入（%）	0.69	1.58	1.24

资料来源：2008—2012 年《中国统计年鉴》。

将表 5-2 中的 4 万亿投资对 GDP 的拉动率与增长减贫弹性系数（0.23）相结合，可以估算出 4 万亿投资的减贫效应为：第一种"时滞效应"测算方法下，2009 年、2010 年和 2011 年提高城镇贫困人口收入分别为 0.60%、1.09% 和0.88%；第二种"时滞效应"测算方法下，2009 年、2010 年和 2011 年提高城镇贫困人口收入分别为 0.69%、1.58% 和 1.24%。

（三）"4 万亿"投资的减贫效应：结构角度

基于增长的减贫效应，通过扩大内需、抵御外需冲击和支撑经济增长，4 万亿投资发挥着积极的减贫作用。进一步，由表 5-3 可知，中央政府在 4 万亿投资结构安排上更加关注和倾向贫困地区和贫困人口，在提升低收入群体的收入水平等方面也发挥着突出作用：（1）4万亿投资中有1/4，即1万亿元用于汶川大地震中重灾区的恢复重建,① 对于51个灾区县的贫困人口而言意义极其重大；（2）调整后用于保障性安居工程的投入资金为4000亿元,② 可在较大程度上缓解城乡贫困人口住房难的问题；（3）在农村民生工程和农村基础设施项目上投入的资金为3700亿元，可有效缓解"三农问题"。上述三项加总，4万亿投资中直接面向贫困人口的资金投入比例高达44.25%。

表5-3　　　　　　　　　　　　调整前后的4万亿投资的结构分布

重点投向	调整前		调整后	
	投入资金额	占比	投入资金额	占比
保障性安居工程	2800 亿元	7.00%	4000 亿元	10.00%
农村民生工程和农村基础设施	3700 亿元	9.25%	3700 亿元	9.25%
铁路、公路、机场和城乡电网建设	18000 亿元	45.00%	15000 亿元	37.50%
医疗卫生和文化教育事业	400 亿元	1.00%	1500 亿元	3.75%
生态环境	3500 亿元	8.75%	2100 亿元	5.25%
自主创新结构调整	1600 亿元	4.00%	3700 亿元	9.25%
地震重灾区恢复重建投资	10000 亿元	25.00%	10000 亿元	25.00%

资料来源：国家发展和改革委员会，http：//www.sdpc.gov.cn/。

在4万亿投资中，直接面向贫困人口的资金投入（地震重灾区恢复重建投资、保障性安居工程、农村民生工程和农村基础设施）比例高达44.25%。考虑到这种结构安排更加关注和倾向贫困地区和贫困人口，在提升低收入群体的收入水平等方面发挥着突出作用，作为投资规模角度减贫效应的重要补充，本书进一步从投资结构角度探讨4万亿投资的减贫效应。

1. 地震重灾区恢复重建投资

---

① 汶川大地震爆发于2008年5月12日，共造成四川、甘肃、陕西等省的灾区直接经济损失8451亿元。

② 调整前指的是时任发改委主任张平在2008年11月27日国务院新闻办新闻发布会上公布的初步方案，调整后指的是张平在2009年3月6日十一届全国人大二次会议上公布的新方案。

2008 年 5 月 12 日，汶川大地震爆发，波及了 50 万平方公里中华大地（相当于西班牙的整个国土），400 多万伤病员需要救治，数以百万计的民房受损，直接经济损失高达 8000 多亿元。① 祸不单行的是，灾后不久百年罕见的国际金融危机接踵而至，使灾区居民的生产生活状态雪上加霜。所以，旨在减少和避免广大灾区居民陷入贫困状态，在 4 万亿投资中安排 1/4 的份额用于地震重灾区恢复重建投资（实际投入为 10205 亿元）。地震重灾区恢复重建投资主要在三个领域发挥着重要的减缓贫困作用：解决地震重灾区困难群体的住房问题；重建灾区公共服务设施、基础设施；恢复和振兴灾区的产业经济。

根据审计署的跟踪审计结果，② 截至 2011 年 9 月，四川、甘肃、陕西三省灾区共维修加固农村住房 292.14 万套，城镇住房 145.67 万套；新建农村住房 190.85 万套，城镇住房 29.09 万套；按一户一套住房计算，可以解决灾区 657.75 万户家庭的住房问题。从公共服务设施、基础设施来看，三省灾区共恢复重建 3941 个学校项目、2979 个医疗机构项目，新建一大批社会福利院、敬老院、社区服务中心、文化中心等公共服务设施；重建了 2810 个交通项目、619 个水利项目、1265 个能源项目、311 个通信项目、1030 个市政公共设施项目；这些投资项目不但满足了灾区居民对公共服务设施和基础设施的需求，而且使这些地区基本公共服务均等化水平跃居西部地区的前列。从恢复和振兴产业经济来看，三省灾区累计恢复重建了 5298 个产业项目、6407 个市场服务项目，恢复和新建了一批产业园区、产业集中发展区；灾区产业经济发展实现了再生性跨越，灾区可持续发展能力明显提高，主要经济指标都超过了地震前水平。所以，地震重灾区恢复重建投资既抹去了地震灾害造成的大部分创伤，也兼备了救济式扶贫和开发式扶贫功能，还给地震灾区经济发展注入了新的活力。

2. 保障性安居工程

保障性安居工程共投入 4000 亿元，在 4 万亿投资中占 10% 的比例。保障性安居工程，一方面可以解决贫困群体（如低收入家庭、外来务工人员）的"住房难"问题，且能够抑制城市房价上涨过快；另一方面，可以通过投资乘数效

---

① 资料来源：胡锦涛在出席纪念汶川地震一周年活动时的讲话，http：//www.gov.cn/ldhd/2009-05/12/content_1312329.htm。

② 详见《汶川地震灾后恢复重建 2011 年度跟踪审计结果（第 5 号）》，http：//www.audit.gov.cn/n1992130/n1992150/n1992500/3019332.html。

应，带动房地产等相关产业的发展，促进家居家电的消费，起到了扩大内需、抵御金融危机的作用。根据高层披露的权威数据，2008 年四季度至 2010 年末，开工建设保障性住房和棚户区改造住房 1300 万套，竣工 800 万套，全国保障性安居工程完成总投资累计超过 1.3 万亿元（李克强，2011）。所以，按照 1300 万套保障性安居住房对应 1.3 万亿元投资的比例来估计，4000 亿元保障性安居工程投资，大约可以为 400 万户困难家庭（按一户一套计）解决"住房难"的问题，发挥了重要的减贫、扶贫作用。

3. 农村民生工程和农村基础设施

在 4 万亿投资中，共安排 3700 亿元（占比 9.25%）用于农村民生工程和农村基础设施建设，主要涵盖农村地区通水、通电、通信、道路、沼气等领域。农村民生工程和农村基础设施投资，尤其是对贫困地区、边远地区建设资金的投入，在降低贫困人口数和贫困发生率、遏制城乡居民收入差距不断扩大趋势的同时，也可促进农村地区经济发展、提高农民收入水平，增强农村家庭抵御金融危机冲击的能力。

截至 2010 年 11 月底，农村民生工程和农村基础设施投资，先后解决了 1.17 亿农村人口饮水安全问题，新增农村电网线路 115 万公里，新建改建农村公路 70 万公里，建成一大批基层医疗卫生教育文化服务设施。① 事实上，伴随农村民生工程和基础设施的不断完善，农村贫困人口数和贫困发生率呈现稳步下降的趋势。根据国家统计局住户调查办公室（2012）编制的中国农村贫困监测报告，2009 年、2010 年全国农村贫困人口数分别降至 4007 万人和 3597 万人（2007 年为 4320 万人），贫困发生率则分别降至 4.2% 和 3.8% 的水平（2007 年为 4.6%）；所以，在金融危机期间，中国农村贫困程度不仅没有加重，反而得到明显的改善。

三、其他财政政策的减贫效果

（一）增值税转型改革对减贫的积极作用

在国际金融危机冲击下，外需的急剧萎缩对中国企业构成严重冲击，经营收

---

① 资料来源：国家发展改革委张平在全国发展和改革工作会议上的讲话，http：//xwzx. ndrc. gov. cn/ mtfy/zymt/ 201101/t20110124_392144. html。

入与劳工需求急剧下降，甚至出现破产倒闭，对中国扶贫工作产生新的压力。在这种情况下，实施增值税转型改革，当年减少 1200 亿元左右的增值税、大约 60亿元的城市维护建设税、大约 36 亿元的教育费附加收入，增加 63 亿元左右的企业所得税，增减相抵后共减轻企业大约 1233 亿元的税负。对于非贫困地区企业而言，税负减轻将帮助其渡过难关，不至于大规模裁减员工，特别是对农民工的减员；对于贫困地区企业而言，其生存能力的提高与技术水平的改善，将直接增加贫困地区的就业和提升当地的发展潜力，有助于未来走出贫困。

与此同时，客观上讲，增值税转型改革也能够发挥促进企业投资的作用。与生产型增值税相较，消费型增值税扩大了税收抵扣范围，能够有效地降低固定资产投资成本，增强企业的获利能力。由生产型向消费型增值税转型条件下，企业设备投资的 IRR（内含报酬率）和 NPV（净现值）都有会所提高，相应的投资周期会明显缩短。在这种情况下，增值税转型扩大了可投资性项目的范围和规模，进而刺激企业投资力度的加大。一般而言，对于 2000 万到 3000 万元左右的小规模投资项目，增值税转型改革可以减少 200 万到 300 万元的税收成本；对于投资超过 1 亿元的大规模项目，则可以减少 1000 万元左右的税收成本，为企业扩大投资和增加就业提供了可能。此外，贫困地区的中小企业大多底子薄、抗风险能力弱，小规模纳税人征收率的大幅下调，将减轻其税收负担，为其提供一个更加宽松的发展环境，更好发挥其扶贫的龙头作用。

（二）"家电下乡"财政补贴提高了贫困人口福利

为切实维护广大农民的利益，避免将城市商品简单推向农村市场，甚至将滞销商品向农村市场转移，并使家电下乡产品适合农村居民的消费特点，在充分调查研究的基础上，商务部、财政部专门制定了家电下乡产品的一系列标准，在质量、节能、环保、安全等方面提出明确规定。此外，商务部、财政部还根据家电下乡实施地区的农民消费能力与特征，对四类下乡产品的终端销售价格也作出了明确限定，让更广大的低中收入农民充分享受到财政补贴政策。

家电下乡财政补贴的实施有利于激活农村消费，扩大农村市场，提升农民生活质量与福利水平。根据家电下乡政策 13% 的补贴标准，2010 年实现销售额 1732 亿元，意味着这一年农户家庭得到了 225.16 亿元的财政补贴。农村每百户耐用消费品拥有量，2010 年比 2007 年洗衣机增长了 24%、电冰箱增长了 73%、空调器增长了 187%、家用电脑增长了 180%、移动电话增长了 75%。在满足人们日常生活需求的同时，消费质量与福利水平也有了很大程度的提高。

如表 5-4 所示，2010 年扶贫重点县农户每百户拥有冰箱、冰柜 23.8 台，是 2008 年的 1.69 倍；彩色电视机 94.8 台，是 2008 年的 1.11 倍；摩托车 45 辆，是 2008 年的 1.24 倍；固定电话和移动电话 128.4 部，是 2008 年的 1.29 倍。扶贫重点县每百户农户耐用消费品拥有量的水平已经相当于 2006 年左右的全国平均水平。

表 5-4　　　　　　　　　　**重点扶贫县每百户农户耐用消费品拥有量**

年份	冰箱、冰柜（台）	彩色电视（台）	摩托车（辆）	固定和移动电话（台）
2002	4.8	—	12.9	21.2
2003	5.4	47.2	16.1	28.1
2004	6.2	52.8	19.1	35.9
2005	7.5	65.3	24.7	54.5
2006	9.2	74.5	29.0	70.5
2007	11.4	81.2	33.0	86.3
2008	14.1	85.5	36.4	99.9
2009	18.6	90.0	40.8	114.6
2010	23.8	94.8	45.0	128.4

资料来源：《中国农村贫困监测报告（2011）》。

值得注意的是，家电下乡不仅有利于改善农村民生建设，也有利于提高农村信息化建设和农民文化水平，一些家电如电视、手机、电脑等，不仅是日常生活用品，也是交流信息、获取知识的工具，在广大农村普及这些家用电器，有利于农民扩大信息来源、开阔眼界、增长知识。从长期看，随着贫困人口子女教育文化水平的提升、拥有信息条件的改善，未来增加就业机会、提升就业质量的概率就会大大上升，从而为今后内生脱贫提供了很大的可能。

第二节　货币政策及其减贫效应

一、应对危机的货币政策

以国际金融危机为分水岭，中国的货币政策发生了重大转向。金融危机发生前，基于国内经济增长率高达 10% 以上，并面临较强的通货膨胀压力，大宗商品价格居高不下并屡创新高的经济环境，中国执行的是适度从紧的货币政策。如表 5-5、表 5-6 所示，自 2004 年 10 月开始，央行连续 9 次上调存贷款利率，连续 21 次上调大型金融机构存款准备金率。甚至在 2008 年上半年，央行也连续 6 次上调大型金融机构存款准备金率，将其由 14.5% 增至 17.5%。

表 5-5　　　　　　　　危机期间金融机构人民币存贷款基准利率（%）

时间	1 年期贷款	1 年期存款	调整方向
20020221	5.31	1.98	连续 9 次 上调存贷款利率
20041029	5.58	2.25	
20060428	5.85	2.25	
20060819	6.12	2.52	
20070318	6.39	2.79	
20070519	6.57	3.06	
20070721	6.84	3.33	
20070822	7.02	3.60	
20070915	7.29	3.87	
20071221	7.47	4.14	
20080916	7.20	4.14	连续 5 次 下调存贷款利率
20081009	6.93	3.87	
20081030	6.66	3.60	
20081127	5.58	2.52	
20081223	5.31	2.25	

时间	1年期贷款	1年期存款	调整方向
20101020	5.56	2.50	
20101226	5.81	2.75	连续5次
20110209	6.06	3.00	上调存贷款利率
20110406	6.31	3.25	
20110707	6.56	3.50	

资料来源：东方财富网数据库。

表 5-6　　　　　**危机期间金融机构法定存款准备金率（%）**

时间	大型金融机构		中小金融机构	
	存款准备金率	调整方向	存款准备金率	调整方向
20030921	6		6	
20040425	7.5		7.5	
20060705	8		8	
20060815	8.5		8.5	
20061115	9		9	
20070115	9.5		9.5	
20070225	10		10	
20070416	10.5		10.5	
20070515	11		11	
20070605	11.5		11.5	连续20次
20070815	12	连续21次	12	上调存款准备金率
20070925	12.5	上调存款准备金率	12.5	
20071025	13		13	
20071126	13.5		13.5	
20071225	14.5		14.5	
20080125	15		15	
20080318	15.5		15.5	
20080425	16		16	
20080520	16.5		16.5	
20080615	17		17	
20080925	17.5		16.5	
20081015	17	连续3次	16	连续4次
20081205	16	下调存款准备金率	14	下调存款准备金率
20081225	15.5		13.5	

续表

时间	大型金融机构		中小金融机构	
	存款准备金率	调整方向	存款准备金率	调整方向
20100118	16		13.5	
20100225	16.5		13.5	
20100510	17		13.5	
20101116	17.5		14	
20101129	18		14.5	
20101220	18.5	连续 12 次 上调存款准备金率	15	连续 9 次 上调存款准备金率
20110120	19		15.5	
20110224	19.5		16	
20110325	20		16.5	
20110421	20.5		17	
20110518	21		17.5	
20110620	21.5		18	

资料来源：东方财富网数据库。

金融危机发生后，为了应对国际金融危机对中国经济的影响，自 2008 年 9 月至 2008 年 12 月的 3 个多月的时间里，通过连续 5 次下调存贷款利率，中央银行将一年期贷款基准利率累计下调 2.16%，将一年期存款基准利率累计下调 1.89%；与此几乎同步，央行也连续 4 次下调中小金融机构人民币存款准备金率，累计 3.5 个百分点，连续 3 次下调大型金融机构人民币存款准备金率，累计 2 个百分点。

2008 年前三季度，中央银行采取的抑制经济过热的紧缩的货币政策，抑制了商业银行的放贷激情。为应对 9 月份国际金融危机全面爆发的冲击，中央银行采用了适度宽松的货币政策，连续下调了利率和存款准备金率。但是，因为金融危机对企业和银行的信心打击很大，造成了企业的慎借和商业银行的慎贷行为，所以，2008 年四季度贷款并未按照利率、法定准备金率下调的幅度迅速增加。然而，随着 2009 年第一季度 4 万亿投资计划的实施，企业借款和银行放贷的积极性大幅上升，货币供应量随之迅速扩张，在减缓金融危机对国内货币供给量冲击的同时，加强了货币政策对投资和消费的积极扩张作用，也使中国经济在2009年第二季度出现了复苏的良好势头。

如表5-7所示，在适度宽松的货币政策下，加之4万亿经济刺激计划，中国开始了大规模的信贷扩张。2009年一季度，新增贷款金额达到4.58万亿元，同比增长244.36%，在一个季度增长的金额接近于2008年全年新增贷款的金额（4.91万亿元）；2009年的第二季度，信贷资金继续增长，新增贷款2.8万亿元，同比增长150.00%。2009年全年新增贷款9.59万亿元，比2008年增长95.32%。2010年全年新增贷款7.92万亿元，虽比2009年减少17.41%，但仍然较2008年增长61.30%。2011年全年新增贷款7.49万亿元，相比于2010年进一步减少5.43%，但依然高于2008年52.55%。

表5-7　　　　　　　　　　危机期间金融机构新增贷款资金

年份/季度	贷款余额（万亿元）	新增贷款（万亿元）	同比增加（%）
2007/4	25.40	—	—
2008/1	26.73	1.33	—
2008/2	27.85	1.12	—
2008/3	28.88	1.03	—
2008/4	30.31	1.43	—
2008 全年	—	4.91	
2009/1	34.96	4.58	244.36
2009/2	37.70	2.80	150.00
2009/3	38.98	1.28	24.27
2009/4	39.91	0.93	−34.97
2009 全年	—	9.59	95.32
2010/1	42.51	2.60	−43.23
2010/2	44.53	2.02	−27.86
2010/3	46.20	1.67	30.47
2010/4	47.83	1.63	75.27
2010 全年	—	7.92	−17.41
2011/1	50.09	2.26	−13.08

年份/季度	贷款余额（万亿元）	新增贷款（万亿元）	同比增加（%）
2011/2	52.02	1.93	-4.46
2011/3	53.53	1.51	-9.58
2011/4	55.32	1.79	+9.82
2011 全年	—	7.49	-5.43

资料来源：东方财富网数据库。

二、信贷扩张与经济增长的长期均衡关系

为抵御金融危机对中国实体经济的冲击，从 2009 年第一季度开始，中国实施了大规模信贷扩张的宽松货币政策。金融危机期间，信贷大规模扩张，促进了消费和投资，进而推动了经济增长。本书建立实证模型，对信贷扩张与经济增长的关系进行实证考察。

（一）实证模型

旨在实证考察信贷扩张与经济增长的关系，建立如下的回归模型。

$$\ln GDP_{i,t} = a_0 + a_1 \ln CR_{i,t} + a_2 X_{i,t} + \varepsilon_{i,t} \qquad (5\text{-}2)$$

其中，t 为年份，i 为地区（省），$GDP_{i,t}$ 为各省份 GDP，$X_{i,t}$ 为一系列影响经济增长的控制变量，$\varepsilon_{i,t}$ 为随机误差项。系数 a_1 表示区域内信贷扩张对经济增长的效应，如果经济增长能提高贫困人口的收入，系数 a_1 应为正数。由于经济增长与信贷规模均取对数，该系数就是信贷扩张对经济增长的弹性值，即信贷规模每增长 1%，经济增长提高的百分数。a_1 的绝对值越大，说明信贷扩张对经济增长的促进越有效。

（二）变量与数据说明

为了实证考察信贷扩张对中国经济增长的影响，本书选取中国 31 个省份的数据，时间期限为 2001—2011 年。对于经济增长 $\ln GDP$，本书采用各省国内生产总值，并取其自然对数值。对于信贷规模 $\ln CR$，本书采用各省金融机构贷款余额，并取其自然对数值。此外，影响经济增长的一系列控制变量 X_{it} 主要包括：

第一，人力资本的指标（lnHC）。在国内外学者的研究中，人力资本通常采用财政总支出中政府教育支出占的比重来衡量。但是，政府、企业和个人的教育投资都涉及人力资本的形成，企业和个人教育支出目前我国缺乏的统计数据，人力资本单纯以政府的教育支出衡量存在固有缺陷。所以，本书对计算人力资本的计算采用受教育年限法，其计算公式为：$HC = \sum_{i=1}^{n} p_i h_i$，$p_i$ 表示受一定教育年限的人口比重，h_i 表示不同教育程度获得的教育年限。从相关资料的可获得性与统一性考虑，本书计算的是 6 岁及其以上人口的人力资本水平，并将受教育程度分为4 个层次：小学、初中、高中和大专及以上，并定义 4 个层次的受教育年限依次为 6 年、9 年、12 年和 15 年。

第二，国际贸易的指标（TRADE）。在经济全球化的背景下，国际贸易常常被看作是经济增长的发动机，国际贸易可以通过充分利用静态与动态比较优势、"技术外溢"和外部刺激，促进一国或地区的技术进步和经济增长。在相关实证研究中，人们通常采用进出口总额占 GDP 的比重（进出口总额/GDP）衡量一国或地区对外贸易水平，我们也选用该指标作为反映国际贸易变量。

第三，外商直接投资的指标（FDI）。在新增长理论的框架下，运用经济增长要素分析方法，通常认为外商直接投资对东道国的资源供给如储蓄、外汇、财政收入、人力资本、技术和国际营销网络等有潜在的作用，通过资本形成、人力资本开发、技术进步、国际贸易等，促进发展中东道国的经济增长。在相关实证研究中，人们一般采用实际使用外商直接投资额占 GDP 的比重（实际使用外商直接投资额/GDP）衡量一国或地区外商直接投资水平，我们也选用该指标作为反映外商直接投资变量。

第四，制度变量的指标（INS）。由计划到市场的制度变迁是中国经济增长的重要力量。对制度因素的度量而言，大部分学者以非国有化率、市场化程度、国家财政收入占 GDP 的比重以指标，来衡量中国的市场制度变迁。本书则用非国有经济单位职工数量占职工总数的比率，作为市场制度变量。

上述变量的原始数据来源于《中国统计年鉴》、各省统计年鉴、《中国人口统计年鉴》，计算整理。为了减少数据变动幅度，我们对相关变量数据取了自然对数值；并且，本书的一些数量数据直接剔除了价格水平变动因素的影响。将2001—2011 年全国 31 个省份的上述各项指标组成面板数据，运用 STATA11 软件对信贷规模与中国经济增长的长期均衡关系进行实证研究。

(三) 计量结果分析

本书首先以 Wooldridge Test 判断面板数据是否存在自相关，不存在一阶自相关为该检验的原假设。检验结果表明，面板数据的 P 值为零，原假设被拒绝，即变量数据存在自相关。其次，本书检验面板数据是否存在异方差，不存在异方差是该检验的原假设。检验结果表明，面板数据的 P 值非常小，原假设被拒绝，即变量数据存在异方差。

根据上述检验结果，因为面板数据存在自相关结构和复杂误差，随机效应模型和固定效应模型均不适合作为估计模型，所以，本书采用 FGLS (Feasible Generalized Least Squares) 方法进行估计，估计结果见表5-8。

表5-8　　　　　信贷规模与经济增长的长期均衡关系估计结果

解释变量	lnGDP		
	方程 (a)	方程 (b)	方程 (c)
C	5.441 ***	5.600 ***	6.132 ***
	(3.67)	(4.12)	(3.14)
lnCR	0.249 **	0.186 **	0.165 **
	(2.15)	(2.15)	(2.29)
INS		2.016 ***	2.086 ***
		(3.89)	(4.70)
lnHC		0.594 **	0.637 ***
		(2.45)	(2.98)
TRADE			1.144
			(1.43)
FDI			−3.320
			(1.14)
Wald 统计量	100.37	289.78	290.54
P 值	0.0000	0.0000	0.0000
样本数	341	341	341

注: *** 、 ** 和 * 分别表示1%、5%和10%的显著水平; 表中 (·) 内为 t 检验值。

在表 5-8 中，单独考察信贷规模，从方程（a）可知，2001—2011 年间，在 5% 的显著水平下，信贷扩张对经济增长的弹性值为 0.249；加入制度（INS）与人力资本变量（lnHC）后，从方程（b）可知，在 5% 的显著水平下，信贷扩张对经济增长的弹性值为 0.186；分别在 1%、5% 的显著水平下，市场制度变迁和人力资本提升促进了经济增长。在一个相对完整的实证模型中，从方程（c）可知，在 5% 的显著水平下，信贷扩张对经济增长的弹性值为 0.165；在 1% 的显著水平下，市场制度变迁和人力资本提升促进了经济增长；国际贸易、外商直接投资变量没有通过显著性检验。根据完整的实证模型结果可知，信贷规模每增长 1%，经济增长提高 0.165%。

三、货币政策的减贫效应

（一）信贷规模扩张的减贫效应

为抵御金融危机对中国实体经济的冲击，从 2009 年的第一季度开始，中国实施了大规模信贷扩张的宽松货币政策。如表 5-9 所示，2008 年末贷款余额为 30.91 万亿元，2009 年全年新增贷款 9.59 万亿元，增长率为 31.0%；2009 年末贷款余额为 39.91 万亿元，2010 年新增贷款 7.92 万亿元，增长率为 19.8%；2010 年末贷款余额为 47.83 万亿元，2011 年新增贷款 7.49 万亿元，增长率为 15.7%；

表 5-9　　　　　　　　　　危机期间信贷规模扩张的减贫效应

指标	2009 年	2010 年	2011 年
上年信贷余额（万亿元）	30.91	39.91	47.83
新增贷款（万亿元）	9.59	7.92	7.49
贷款余额增长率（%）	31.0	19.8	15.7
GDP 的拉动率（%）	5.12	3.27	2.59
城镇贫困人口收入增长率（%）	1.18	0.75	0.60

根据信贷规模与经济增长的长期均衡关系，信贷规模每增长 1%，经济增长提高 0.165%，所以，2009 年、2010 年和 2011 年信贷扩张对 GDP 的拉动率为 5.12%、3.27% 和 2.59%。进一步，将信贷扩张对 GDP 的拉动率与增长减贫弹性系数（0.23）相结合，可以估算出金融危机期间信贷扩张的减贫效应为：2009 年、2010 年和 2011 年信贷扩张提高城镇贫困人口收入分别为 1.18%、0.75% 和 0.60%。

（二）信贷结构调整的减贫效应

2008 年国际金融危机发生后，中央银行在采取适度宽松的货币政策，连续下调了利率和存款准备金率，迅速扩张信贷规模和货币供给量的同时，央行还坚持有利于强农惠农，有利于"三农"发展的政策取向，综合运用再贷款、再贴现等货币政策工具支持"三农"发展，充分发挥信贷政策在社会主义新农村建设中的积极作用，进一步深入推进农村信用社改革，引导更多的资金投向"三农"发展领域。

与此同时，农村金融机构也根据实际情况，调整优化信贷规模与结构，将"三农"金融服务作为业务发展重点，制定并实施了增加"三农"信贷投放的多项措施。例如，福建省农业银行在全国率先实行"三农"金融事业部体制与机制改革，并将人力资源和资金资源向县域倾斜；山东省农村信用社进一步简化了贷款程序，农户凭借贷款证可以直接到营业柜台办理贷款，推行了信贷专管员制度，实现授信额度一次核定、随用随贷，周转使用；在新疆、广东、内蒙古等省份，涉农金融机构也相继出台提高"三农"金融服务质量的一系列业务流程和管理规定。

在中央银行和涉农金融机构的共同努力下，全国银行业金融机构涉农贷款 2009 年出现大幅扩张，年末余额为 9.1 万亿元，较年初大幅增长 34.8%。涉农贷款的增加保障了农民收入的持续增加和农业经济的稳定发展。全年农村居民人均纯收入 5153 元，比上年实际增长 8.5%；第一产业增加值达到 3.5 万亿元，较上年增长 4.2%，县及县以下消费品零售额比上年增长 15.7%，农村固定资产投资比上年增长 27.5%。

就国家扶贫重点县而言，如表 5-10 所示，2009 年，不仅从金融机构得到贷款（不包括扶贫贷款）的农户数量上升，贷款规模也有较大幅度的增加。2009年从银行或信用社得到贷款的农户占全部农户的 3.9%，比 2008 年提高了 0.5 个百分点，贷款户的户均贷款额度 10575 元，比 2008 年增加了 2253 元，增长21.3%。同时，贷款投向有所改变：个体工商户得到贷款比例和金额都减少了，种养大户和贫困农户的贷款比例有了较大幅度的上升，特别是种养大户，得到贷款的比例上升了 1.8 个百分点，户均贷款规模提高了 41.9%。在"三农"信贷扩张的作用下，2009 年，国家扶贫重点县地方生产总值首次超过 2 万亿元，达到2.2 万亿元，比 2008 年增长 11.3%。其中，第一产业增加值 5199 亿元，比上年增长 5.4%。第二产业增加值 9758 亿元，比上年增长 9.9%。第三产业增加值7242 亿元，比上年增长 18.3%。

表 5-10 　　　　　　国家扶贫重点县农户得到贷款的比例和户均金额 　　　　（%，元）

指标	2007 年		2008 年		2009 年	
	得到贷款比例	户均金额	得到贷款比例	户均金额	得到贷款比例	户均金额
全部农户	4.2	5614.4	3.3	8322.3	3.9	10575.4
个体工商户	3.4	8100.0	4.1	24531.4	4.8	22226.6
种养业大户	8.0	5888.8	7.6	8094.3	9.4	13942.6
贫困户	3.3	5114.0	2.2	5421.3	2.7	7382.6

资料来源：《中国农村贫困监测报告（2010）》。

其次，针对当地农村经济和社会薄弱环节，农村金融机构积极开展金融服务。例如，在四川、江西、广西、黑龙江、安徽等省份，农村金融机构为外出返乡农民工提供创业贷款，支持外出返乡农民工创业就业；河北省农村金融机构采用银团贷款形式，支持农村饮水工程、农村沼气等项目建设；辽宁省农村金融机构积极开展生源地助学贷款业务，并扩大助学贷款政策的惠及群体；在云南、河北等省份，根据农村新民居建设资金需求，农村金融机构积极发放农户建房贷款；在辽宁、安徽等省份，农村金融机构积极开展巾帼创业贷款业务，为一大批农村妇女提供了发展致富项目资金支持。在农村基础设施、公共服务重建及产业恢复方面，四川省农村金融机构不断加大信贷投放力度，有力推动了地震灾区恢复重建。

此外，重点围绕"家电下乡""万村千乡市场工程"和"汽车摩托车下乡"等经济刺激计划，各地农村金融机构还积极发展农村消费信贷业务，为提升农村居民生活质量、满足农村居民消费需求发挥了积极作用。同时，针对县域中小企业的实际特点和需要，农村金融机构适时推出相关金融产品和服务，助推县域中小企业发展，进而起到支持地方经济发展，促进农村剩余劳动力就业的作用。在全部涉农贷款增量中，2009 年涉农金融机构对农村中小企业的贷款增量占到 1/3 左右，贷款余额已达 2.6 万亿元。农村中小企业贷款的增加，无疑能够帮助这些企业渡过难关，在稳定农村地区就业方面起到了重要作用，从而降低了农户家庭因失业而陷入贫困的概率。

第三节　产业与就业政策及其减贫效应

一、应对危机的产业政策及其减贫效应

通过产业联动效应，国际金融危机对中国实体经济产生较大的影响。为应对国际金融危机的冲击，在国务院的统一部署下，由国家发展改革委、工业和信息化部领头，联合国务院有关部门推出十个重点产业振兴规划①。作为应对国际金融危机的产业政策，十大产业调整与振兴规划是中国经济保增长、扩内需、调结构的重要措施，同时对中国的贫困也产生了积极和深远的影响。

（一）十大产业调整与振兴规划

在国际金融危机对中国实体经济的冲击与影响下，一些产业外部市场需求萎缩，导致外贸出口较为困难，越来越多的企业处在停产或半停产的状态，企业亏损面和亏损额显著扩大。客观上讲，除国际金融危机的冲击与影响外，这些产业出现比较严峻的形势与困难，也归因于长期以来中国粗放的工业发展方式积累的深层次矛盾在危机刺激下的集中爆发。

---

① 主要包括：钢铁、船舶、汽车、石化、轻工、纺织、有色金属、电子信息，装备制造业，以及物流业十个重点产业。

产业政策涉及的钢铁、船舶等十大产业，虽然各自具有不同的经济特点，但是，它们共性的问题是，大多数产业都处在全球价值链的低端，粗放发展，规模大而竞争力不强。主要表现在：创新能力薄弱、聚集化程度低、产能过剩问题突出、企业制度尚待完善。所以，即使没有国际金融危机的冲击与影响，这种重规模、轻质量和竞争力的粗放型产业发展方式也是难以为继的。所以，从短期来看，十大产业调整与振兴规划将大大缓解国际金融危机的冲击，解决目前这些产业发展遇到的瓶颈问题，从长远来看，十大产业调整与振兴规划有利于促进中国产业升级改造、技术创新和结构调整。具体而言，十大产业调整与振兴规划的主旨是：

第一，钢铁产业振兴规划。必须以淘汰落后、控制总量、联合重组、技术改造、优化布局为重点，加快钢铁产业调整和振兴，推动钢铁产业由大变强。

第二，汽车产业振兴规划。加快汽车产业调整和振兴，必须稳定和扩大汽车消费需求，实施积极的消费政策，以结构调整为主线，推进企业联合重组，加强自主创新，以新能源汽车为突破口，形成新的竞争优势。

第三，纺织工业调整振兴规划。纺织工业是中国经济传统的支柱产业，也是重要的民生产业，还是具有较强的国际竞争优势的产业。在扩大出口、繁荣市场、增加农民收入、吸纳就业、促进城镇化发展等方面，纺织工业发挥着重要作用。加快振兴纺织工业，必须以淘汰落后、优化布局、自主创新、技术改造为重点，推进产业结构调整和升级，巩固加强纺织工业对惠农和就业的支撑作用，推进纺织工业实现由做大向做强的转变。

第四，装备制造业调整振兴规划。装备制造业是中国经济的战略性产业，技术资金密集、吸纳就业能力强，与各行业关联度高，为各行业提供技术装备，是技术进步、产业升级的重要保障，也是国家综合竞争力的重要标志。加快振兴装备制造业，必须增强企业自主创新能力，通过加大技术改造投入，大幅度提高基础配套件和基础工艺水平；必须依托国家重点建设工程，大规模开展重大技术装备自主化工作；必须加快产品更新换代和企业兼并重组，促进产业结构优化升级，全面提升装备制造业竞争力。

第五，船舶工业调整振兴规划。加快船舶工业调整和振兴，必须采取积极的支持措施，确保产业平稳较快发展，稳定造船订单，化解经营风险；控制新增造船能力，提高大型企业综合实力，推进产业结构调整，形成新的竞争优势；加快自主创新，发展海洋工程装备，开发高技术高附加值船舶，培育新的经济增长点。

第六，电子信息产业调整振兴规划。电子信息产业是中国经济基础性、战略性和先导性支柱产业。振兴我国电子信息产业，必须完善产业发展环境，强化自主创新，加快信息化与工业化融合，以重大工程着力带动技术突破，以新的技术应用推动电子信息产业发展。

第七，轻工业产业调整振兴规划。轻工业是丰富人民物质文化生活的重要产业，承担着扩大就业、繁荣市场、服务"三农"的重要任务。振兴轻工业，必须采取综合措施，巩固和开拓国际市场，努力扩大城乡市场需求；推动结构调整和产业升级，加快自主创新；走质量安全、绿色生态和循环经济的新型发展之路。

第八，石化产业调整振兴规划。石化产业是资源资金技术密集型产业，经济总量大，与其他产业关联度高，对促进相关产业升级和推动经济增长具有重要的作用。振兴石化产业，必须在稳定石化产品市场的同时，优化产业布局，加快结构调整，不断增强产业竞争力，着力提高创新能力和管理水平。

第九，有色金属产业调整振兴规划。有色金属应用领域广，产品种类多，与其他产业关联度大，在中国经济发展中起着举足轻重的作用。推进有色金属产业调整和振兴，要以淘汰落后、控制总量、企业重组、技术改造为重点，推动有色金属产业结构调整和优化升级。

第十，物流业调整振兴规划。物流业是集运输、货运代理、仓储和信息等行业的综合性服务产业，吸纳就业人数多，涉及领域广，在拉动消费、促进生产方面的作用大。必须建立现代物流服务体系，加快发展现代物流，并以物流服务促进相关产业发展。

（二）产业政策的减贫效应

为了缓冲国际金融危机对中国经济的影响，与4万亿投资一样，十大产业振兴计划在防止中国经济加速下滑，确保中国经济一定的增速的同时，通过增加居民就业机会，服务于"三农"经济发展和促进贫困地区的产业发展，发挥了重要的减贫作用。

　　首先，增加了城镇居民就业机会。在全部工业增加值中，除物流业外，其他九大产业所占的比重接近80%，在GDP中的份额达到30%左右，在全国规模以上企业缴纳的税收入中约占40%的比例，创造了大约30%的全国城镇就业人数。并且，作为现代服务业，物流业是国民经济的重要组成部分，集运输业、仓储业、货代业和信息业等于一体，涉及经济领域广、吸纳大量劳动力就业、对拉动消费产生重要作用，物流业增加值占全部服务业增加值的16.5%，占GDP的6.6%份额。国际金融危机对城镇居民的就业产生了一定的冲击。2008年第三季度，城镇登记失业率同比上升0.2%，城镇失业人数增加了56万人，创下三年来的新高。企业在金融危机的影响中往往是最先裁掉灵活就业群体，大量灵活就业人员转为失业，经济形势不好又进一步导致他们再就业更加困难。十大产业振兴规划强调更加重视国内市场，特别是要开拓农村市场，随着相关政策措施的逐步出台与落实，促进了企业生产经营，以及整个国民经济未来的协调发展，从而为缓解中国中长期的就业压力提供支撑。

　　其次，服务于"三农"经济发展。金融危机发生后，农民工和低技能劳动力最容易遭受冲击。在制造业、出口企业和外资企业中，农民工的就业比例非常高。2006年农业普查表明，农村外出务工劳动力有1.32亿人。其中，有56.7%在第二产业如制造业就业。2008年，受金融危机影响而返乡的1200万农民工，占全部外出农民工总数的比例为8.5%。与此同时，2008年国际金融危机发生后，我国农业生产与发展仍然受到较大的不利影响，再加上大量农民工返乡，并由此对农村就业产生冲击。从"三农"经济发展看，纺织和轻工等部分行业，是农副产品深加工业或其后续发展的产业，涉及3亿农民的经济利益，吸纳外出务工人员近6000万人的就业。电子信息行业的加工组装环节、物流业中的运输环节也需要较多的劳动力投入，振兴这些行业为农民工提供了中长期的就业机会。

　　最后，促进贫困地区的产业发展。长期以来，中国的东部地区凭借独特的区位优势走在了改革开放的前列，通过大量承接国际产业转移实现了较快的发展，而中西部地区则相对落后，贫困地区较为集中。大量经验表明，仅靠财政的转移支付难以使贫困地区彻底摆脱贫困，鼓励贫困地区发展自己的特色产业，提升其发展水平才是根本出路。产业振兴规划为贫困地区的产业发展提供了难得的机遇。十大产业振兴规划强调优化产业布局，使产业在东、中、西部协调发展，随着相关政策措施的逐步落实，中西部的贫困地区有更多的机会承接来自东部的产业转移。承接产业转移比从头做起要成本低、见效快，因为管理方法、市场经验和组织体系往往随之一起转移，大大减少了贫困地区在产业发展上的摸索时间和初始成本。同时，产业振兴规划强调重视中小企业发展，为其提供税收和信贷支持，这也有利于贫困地区中小企业的发展。

此外，值得注意的是，金融危机期间实施的十大产业振兴规划，对中国减贫也存在潜在的不利影响。一是加快技术进步必然要求增加设备投资，存在资本替代劳动，降低劳工需求的可能；二是完善准入条件和强调节能减排，可能限制贫困地区的产业发展；三是强调形成产业集群，可能加大贫困地区产业的竞争压力。对此我们应有科学的认识，推进扶贫必须依靠不断发展来解决，而要实现中国经济又好又快发展必须依靠自主创新、节能减排和产业升级。因此，从根本上讲，上述政策取向与扶贫并不矛盾，对扶贫潜在的不利影响属于发展中的问题，也只能通过不断发展来解决。当然，产业政策给扶贫造成的潜在不利影响需要我们高度的重视，通过具有针对性的有效措施加以化解。

二、应对危机的就业政策及其减贫效应

(一) 应对危机的就业政策

随着金融危机对中国经济的冲击向纵深发展，大量企业出现关闭破产，劳动力就业市场压力空前的新情况，国务院和人保部相继出台多项促进城乡就业的政策措施，对稳定城乡居民就业、减少贫困起到了积极作用。

1. 国务院促进农民工就业的战略部署

2008 年 12 月，国务院颁布《关于切实做好当前农民工工作的通知》（国办发〔2008〕130 号），要求各有关部门各司其职，分工负责，形成合力，共同做好农民工就业工作。

一是采取多种措施促进农民工就业。落实中央提出的减轻企业负担、帮助企业解困，扩大国内消费与投资需求、促进增长的宏观经济政策，在加快产业结构升级和经济发展方式转变中，注重就业需求与机会的创造。积极支持劳动密集程度高的产业、中小微企业和现代服务业，提高它们吸纳外出农民工就业的能力。

农田水利、交通能源、灾后重建等重大基础设施建设项目，要尽量多安排因减产裁员或企业关停而失业的农民工。

二是加强农民工技能培训和职业教育。根据农业产业化、现代化开展返乡农民工实用农业技术培训，增强农业技能；根据创业技能开展返乡农民工的创业培训，增强创业能力；根据企业技术改造、产业结构调整和新投资项目开展返乡农民工的职业技能培训，增强就业适应能力；围绕市场需求开展返乡农民工的定向培训和订单培训，增强择业竞争能力。继续推进星火科技培训、阳光工程、雨露计划等培训项目的组织与实施工作。

三是大力支持农民工返乡创业和投身新农村建设。引导具有一定的资金积累、具有一定的技术能力的农民工自主创业，以自主创业产生更多农民工就业。鼓励农民工在生态农业、农产品加工业、农村二三产业领域进行投资创业。结合推进新农村建设，将加强农村基础设施建设和促进返乡农民工就业有机结合起来。大力发展县域经济，支持农村中小企业发展壮大，大力支持农产品精深加工，通过就近转移就业解决外出返乡农民工就业问题。

四是确保农民工工资按时足额发放。加强农民工工资保证金账户管理，确保农民工工资发放，强化农民工工资支付监控。对企业拖欠农民工工资行为，及时了解相关信息，并对相关企业进行妥善处理，加强与完善劳动保障、公安、金融等部门的联合行动与监督作用。在企业关闭破产，必须严格依照相关法律规定进行，对恶意欠薪逃匿的企业，必须严格依照相关法律规定进行严肃查处。

五是做好农民工社会保障和公共服务。制定农民工异地转移与接续社会保险关系的办法，加强外出返乡农民工各项保险权益的保障。加强外出返乡农民工的各项公共服务的享受保证，加强完善外出返乡的农民工公共服务运行机制。对返乡农民工子女就近入学，当地政府需要妥善及时安排，并享受当地义务教育的待遇。解决农民工看病就医问题，对返乡农民工参加农村新型合作医疗进行积极引导。加强外出返乡农民工的疾病防控工作。

六是切实保障返乡农民工土地承包权益。农村土地流转要坚持依法、自愿、有偿的原则。农民工承包地违法流转的，要求退还的要坚决退还给农民工。对只是短期流转，并通过口头协议等方式进行流转的农民工承包地经营权，农民工要求收回，一般必须退还给农民工。对有流转合同，并长期流转的农民工承包地经营权，农民工要求收回，可由双方依法协商解决。因不能退还长期占用的，要负责返乡农民工就业的安排。

2. 人保部扶持农民工就业的重要举措

为落实国务院的精神与要求，在全国范围内人力资源和社会保障部积极启动了"春风行动"，其主要宗旨在于促进外出返乡农民工尽快实现就业，引导有序流动就业和就地就近安排就业，主要措施如下：

一是强化就业服务，使农民工掌握足够的劳动需求信息。各地要建立完善定期劳务信息发布制度，构建劳务输入地与劳务输出地之间的信息沟通与共享平台，通过劳务信息促进农民工有序外出务工。为返乡农民工召开专场招聘会，开展送岗下乡活动。另一方面，各地大力开发返乡农民工就业岗位，实现就地就近就业。结合国家和地方基础设施建设、扩大国内需求的重点项目，对返乡农民工优先安排就业，并积极承接沿海产业转移，通过外资企业创造更多的返乡农民工就业机会。

二是为农民工开展大规模的职业培训，培养一批农民工技术人才，增强农民工的就业技能与适应能力。各地根据金融危机对劳动需求的冲击，结合当地的实际情况，针对外出返乡的农民工，集中起来组织定期开展就业培训。对于外出返乡农民工的培训费用，由地方财政按规定给予相应补贴；不论是劳务输出省份，还是劳务输入省份都需要支付一定的培训补贴资金。

三是大力减轻企业各种负担，稳定在岗的农民工队伍，促进农村转移劳动力市场供求稳定。针对金融危机冲击下部分企业的经营困难，在一定期限内，对困难企业允许社会保险费的缓缴、允许四项社会保险费率的降低、为稳定就业岗位允许困难企业使用失业保险基金，等等；为了经济增长、劳动就业和社会发展的稳定，鼓励困难企业尽量稳定在岗的农民工队伍。

四是推动返乡农民工自主创业，制定、落实一系列扶持政策，以自主创业提供更多的就业岗位。在创业政策中，各地要将返乡农民工纳入扶持范围，大力支持返乡农民工自主创业，并提供优惠贷款、税收减免和信息技术服务等激励；对具有一定的技术和资金积累的返乡农民工，提供各种创业服务与培训，提高创业成功的概率，防范创业失败的风险。

五是积极开展劳动力市场清理整顿专项行动，为农民工求职就业的合法权益提供有效保障。促进职业中介市场的规范发展，对职业中介的违法犯罪行为依法依规进行严厉打击。规范各类用人单位选人、用人、解聘人的行为，为求职人员，尤其是外出农民工的求职与就业创造公平的市场环境。

（二）就业政策的减贫效应

国务院促进农民工就业的战略部署，以及人保部扶持农民工就业的重要举措，在促进城乡居民就业的同时，也提升了城乡居民的就业与发展能力，进而发挥了重要的减少贫困的短期与长期效果。

从短期看，就业政策促进了城乡居民就业。2008 年末，全国农民工就业的总量达到 2.25 亿人，其中外出务工达到 1.4 亿人；2009 年春节前，受金融危机影响，约有 50%的农民工返乡，人数达 7000 万人，其中的 1800 万人需要解决就业问题；春节以后，95%的返乡农民工回到城里就业，剩下的 5%农民工返乡创业或在农村就地就近就业。2009 年上半年，全国城镇新增就业 569 万人，完成全年 900 万人就业目标的 63%；城镇就业逐月回升，岗位流失减少，二季度城镇登记失业人数是 906 万，比一季度减少了 9 万，上半年城镇登记失业率 4.3%；就业困难人员实现再就业 79 万人，完成全年 100 万人就业目标的 79%。2009 年全年我国新增就业人数达到 1102 万人；高校毕业生就业率达到 87%；就业困难人员就业人数达到 164 万人；下岗失业人员再就业人数达到 514 万人；城镇登记失业率控制在 4.3%。高校毕业生、农民工和困难群体就业稳中有升，全面超额完成了全年就业工作的目标任务。

从长期看，就业政策提升了城乡居民就业与发展能力。就业政策措施着眼于提高农民工的综合素质与就业技能，拓宽就业渠道，既有利于稳定农民工在危机中的就业，也有利于其未来长期发展。所以，一系列就业政策，为中国未来的减贫工作提供了有力支撑。一是加大对农民工的培训力度，可以提高农民工技能，提高未来就业能力和质量。例如，根据农业产业化、现代化开展返乡农民工实用农业技术培训，增强农业技能；根据创业技能开展返乡农民工的创业培训，增强创业能力；根据企业技术改造、产业结构调整和新投资项目开展返乡农民工的职业技能培训，增强就业适应能力；围绕市场需求开展返乡农民工的定向培训和订单培训，增强择业竞争能力。二是加大对农民工的社会保障支持力度，做好农民工社会保障和公共服务，输入地和输出地协调解决农民工工伤保险、医疗保险和子女就学等问题，为农民工长期在城市就业与发展提供了重要保障。三是鼓励农民工在新农村建设中创业，鼓励农民工在城市创业，并为此提供财政和信贷支持，有利于农民工提升就业层次，提高收入水平与发展能力。四是净化农民工就业环境，严厉打击"黑中介"和拖欠农民工工资行为，可以提高农民工进城就业意愿，为危机后农民工继续到城市工作和生活提供了有力支持。

第四节　民生政策及其减贫效应

一、危机期间的民生政策

民生政策是通过政府行政干预和国家立法，促进社会稳定，解决社会问题，改善社会环境，改进社会福利水平的一系列规定、政策、行动准则的总称。民生政策的核心，是如何解决市场经济条件下公民面临的生存风险问题。危机期间民生政策主要包括社会保险和社会救助两大领域。社会保险包括医疗保险、退休养老保险、失业保险、工伤保险、女职工生育保险。社会救助主要包括最低生活保障、临时救济、五保、特困救济等。

（1）城镇基本医疗保险和生育保险。金融危机期间，国家贯彻落实社会保险法规定，将领取失业保险金的人员纳入职工基本医疗保险，从制度上解决了这个特殊群体的参保问题。关闭破产企业退休人员纳入职工基本医疗保险制度，基本解决了经济体制转轨和国有企业改革的历史遗留问题。各地积极扩大生育保险覆盖范围，一些地方将生育保险扩大到机关事业单位等所有用人单位，同时从城镇职工向城乡居民延伸。

（2）养老保险。一是新型农村社会养老保险试点继续扩大。2011年新农保试点覆盖地区范围达到60%以上。建立健全新农保基层服务平台，落实信息系统建设和新农保经办规程要求。制定五保供养、农村低保与新农保等相关制度的衔接办法。制定新农保金融服务规范，实施新农保基金财务会计制度。开展政策实施情况督查，完善农民被征地后的社会保障政策。二是城镇居民养老保险试点正式启动。2011年6月，国务院颁布《关于开展城镇居民社会养老保险试点的指导意见》，城镇居民社会养老保险试点工作正式启动。城镇居民社会养老保险制度的建立，弥补了养老保险体系最后一块制度空白，鼓励与新农保合并实施，形成城乡统筹的居民养老保险制度。

（3）失业保险。落实社会保险法的规定，制定实施了领取失业保险金人员参加职工基本医疗保险的政策。北京、上海、江苏、浙江、山东、福建、广东东部7省、市继续实施扩大失业保险基金支出范围试点政策，从预防失业、促进就业实际需要出发，加大资金投入，受益人数不断增加，促进了就业局势稳定。进一步提高失业保险统筹层次，基本实现失业保险市级统筹，增强基金互济能力，完善省级调剂金制度。将全国31个省（自治区、直辖市）和新疆生产建设兵团的100多个城市纳入部失业动态监测范围，增加了监测样本，积累了数据信息，为研究建立失业预警制度和失业调控工作体系奠定了基础。

（4）工伤保险。以事业单位等为重点，全面推进各类单位依法参保。同时，大力推进了建筑、煤炭等高风险企业依法参加工伤保险的专项工作，取得了明显成效。全面将国有企业、集体企业有伤残等级的"老工伤"职工和工亡职工供养亲属纳入工伤保险统筹管理。为进一步防范和分散风险，增强保障能力，全国已有98%的地（市）实现了工伤保险基金市级统筹。积极有序推进工伤预防和工伤康复试点工作，初步建成由预防、补偿、康复组成"三位一体"的工伤保险制度体系，工伤认定和劳动能力鉴定工作进一步规范化。

（5）农村最低生活保障制度。2007年颁布的《关于在全国建立农村最低生活保障制度的通知》，规定了农村低保制度的目标，也就是，在全国范围将全部农村贫困人口纳入最低生活保障范围，为农村贫困人口的温饱问题提供永久的保障。上述目标定位具有三个层次的基本内涵：一是从定位的区域看，由省份试点，农村最低生活保障制度向全国所有地区扩展；二是从定位的对象看，以生存需要为判断标准，农村最低生活保障制度将全部的农村贫困人口都纳入保障范围；三是从定位的目标看，通过农村最低生活保障制度，消除农村绝对贫困，完全解决农村贫困人口的温饱问题。

二、民生政策的减贫效应

金融危机发生之后，与其他国家的应对措施比较，可以发现，中国的政府干预具有"经济-民生"干预模式的特点。"保增长、保就业"主要是通过政府投资扩大需求，拉动经济增长；而"保民生、保稳定"主要是通过民生政策解决中国改革开放以来存在的一些深层次的问题，以及在金融危机下暴露出的问题，以促进经济和社会和谐发展。

1. 农村最低生活保障制度的减贫效应

中国贫困人口主要集中在农村地区，农村低保制度给予更多的农户最低生活保障，能够保障陷入贫困的农户家庭享受到基本生活物资，是扶贫和减贫工作的重要组成部分。

如表 5-11 所示，2004—2011 年，享受低保的农村居民人数增长了大约 11 倍，增长速度非常快。农村低保制度能够有效解决农村绝对贫困人口的温饱问题，进而迅速增加脱贫人口的数量。另一个重要的证据是，对五省（自治区）十县（主要涉及辽宁、广西、陕西、河南、云南）1201 位农户的专题调研，李海金等（2012）的数据分析表明：在农村低保的减少贫困、解决温饱的实际效果上，在曾经或正在享受低保的贫困农户中，53.5%的低保农户认为"农村低保制度在缓解家庭贫困、解决家庭温饱问题方面发挥了重要作用"①。所以，总体来说，金融危机期间，农村最低生活保障制度的瞄准性强，减贫效应明显。

表 5-11	金融危机期间社会救助情况		单位：万人
年度	城市最低生活保障人数	农村最低生活保障人数	农村五保供养
2004	2205.0	488.0	228.7
2005	2234.2	825.0	300.0
2006	2240.1	1593.1	503.3
2007	2272.1	3566.3	531.3
2008	2334.8	4305.5	548.6
2009	2345.6	4760.0	553.4
2010	2310.5	5214.0	556.3
2011	2276.8	5305.7	551.0

资料来源：中国民政部《2011 年社会服务发展统计公报》。

---

① 李海金等：《惠农和社会保障政策：运行逻辑与减贫效应》，《求实》2012 年第 6 期。

2. 养老保险的减贫效应

金融危机期间，养老保险在保障老年人口的基本生活权利，降低老年人口因劳动力逐渐丧失而陷入贫困的概率方面发挥着十分重要的积极作用。

由表 5-12 所示，中国城镇地区参加养老保险的人数在不断增加，这说明城镇养老保险制度已经趋向完善，极大地降低了城镇地区老年人口致贫和返贫的风险。与此同时，中国农村养老保险制度还在试点中，2011 年新农保试点覆盖地区才突破 60%。考虑到农村地区经济发展水平落后于城镇地区，养老保险在扶贫和减贫方面将具备更显著的作用。此外，在日趋完善的社会养老保险制度的作用下，广大农民的养老具有基本的经济和制度保证，他们就会改变传统的多子多福以及重男轻女的偏好，并可减轻由生育很多子女带来的家庭经济负担，从而有经济能力为子女进行更多的人力资本投资，进而为农民家庭未来的收入提升创造了条件。

表 5-12 　　　　　　　　**金融危机期间城镇职工基本养老保险人数**　　　　　单位：万人

年份	合计	职工	#企业（含其他）	离退休人员	#企业（含其他）
2003	15506.7	11646.5	10324.5	3860.2	3556.9
2004	16352.9	12250.3	10903.9	4102.6	3775.0
2005	17487.9	13120.4	11710.6	4367.5	4005.2
2006	18766.3	14130.1	12618.0	4635.4	4238.6
2007	20136.9	15183.2	13690.6	4953.7	4544.0
2008	21891.1	16587.5	15083.4	5303.6	4868.0
2009	23549.9	17743.0	16219.0	5806.9	5348.0
2010	25707.3	19402.3	17822.7	6305.0	5811.6
2011	28391.3	21565.0	19970.0	6826.2	6314.0

资料来源：《中国统计年鉴（2012）》。

3. 基本医疗保险制度的减贫效应

因病致贫、因病返贫一直是中国贫困的一个突出现象。金融危机发生后，这些脆弱性群体致贫和返贫的风险概率加大。所以，2009 年中国政府采取了两项关键措施：一是继续扩大基本医疗保险制度（含新型农村合作医疗制度和城镇居民基本医疗制度）的覆盖面；二是继续提高新型农村合作医疗的住院报销比例。在防止广大农民因病致贫、因病返贫方面，完善的农村医疗保障体系发挥着极其重要的作用。在农业生产中，土地和劳动是农民赖以生存和发展的根本，而劳动则需要一个健康的身体。更重要的是，如果没有一个健康的身体，因为高额的医疗费用，疾病就成为农村贫困家庭致贫的重要原因。所以，完善的农村医疗保障体系，一方面可以降低农民高额的医疗费用支出，避免农民因为疾病而导致贫困的发生；另一方面可以保护与加强农民的劳动能力力，促进农民经济收入的提高。

4. 其他民生政策的减贫效应

一是农民工返乡创业培训。金融危机发生之后，大量农民工返乡。中央政府和地方政府相继出台针对性政策措施，对农民工返乡创业进行培训，并给予配套的减免注册登记费用，提供创业贷款等一系列服务，在一定程度上有效缓解了金融危机的负面影响。二是特定人群的社会福利政策。除了上述民生政策外，政府在残疾人福利事业、老年人社会福利事业、妇女和儿童社会福利事业方面都不断出台新的政策，以降低特殊人群的健康、生活风险。

此外，在民生政策方面，仍需加强以下工作：一是加强以缓解贫困为重点的民生政策。加强最低生活保障制度和贫困开发的政府责任，要比收入替代型的民生政策（社会保险）的成本低得多，效率也相对较高。二是加强服务于农民工的民生政策。在最低生活保障制度、新型农村合作医疗制度、医疗救助制度等几个关键性制度方面，都存在着农民工排斥于制度之外的风险。作为具有 2.3 亿农民工的大国，围绕农民工的住房保障政策将是中国政府未来关注的重点。三是加强特定人群的民生政策。主要是针对残、孤儿童，老年人和妇女等脆弱性人群的民生政策。

第六章　研究结论与政策含义

在国内外学者研究的基础上，基于穷人的研究视角，前面的章节系统分析国际金融危机影响中国贫困的主要渠道，实证考察国际金融危机对中国贫困的影响，以及中国应对危机政策的减贫效果。在归纳研究结论的基础上，本章提出适合我国针对国际金融危机与减少贫困的管理框架，和切合实际的兼容、协调的政策体系。短期推行稳增长与减贫相结合的刺激政策，长期坚持以人为本和改革创新的发展战略，继续稳步推进扶贫工作，实现预期的减贫目标。

第一节　本书的研究结论

改革开放以来，中国经济增长取得了举世瞩目的成就；与此同时，中国的反贫困事业也取得了非常丰硕的成果。中国是世界上减贫人口最多的国家，也是世界上率先完成联合国千年发展目标的国家。由美国次贷危机演变的 2008 年国际金融危机，对全球经济产生了巨大的冲击。在对中国整体经济构成负面影响的前提下，国际金融危机对不同收入群体的冲击存在显著差异，对贫困群体的打击更加猛烈。面对金融危机的冲击，中国应对危机的一系列宏观政策产生了积极的减贫效果。

一、国际金融危机及其影响中国贫困的渠道

由美国次货危机引发的国际金融危机，是 20 世纪 30 年代经济大萧条以来世界范围内发生的规模最庞大、危害最严重、影响最深远的金融危机。国际金融危机发生，具有三个层次的归因：一是表层原因：金融监管跟不上金融创新步伐；

二是结构原因：实体经济与虚拟经济非均衡发展；三是制度原因：社会经济制度缺陷与不恰当政策。

金融危机不但向金融领域迅速传播，而且向实体领域快速渗透。通过国际传导机制，全球所有国家几乎都受到金融危机的巨大影响。这次危机不仅对发达国家造成严重的冲击，而且对发展中国家造成猛烈的冲击，中国也因金融危机冲击放慢了经济增长的步伐。在对中国整体经济构成不利影响的前提下，通过经济增长、就业与工资、国际贸易与资本流动、价格调整、政府公共支出、社会环境等渠道，国际金融危机对不同收入群体的冲击存在显著差异，对贫困群体的打击更加猛烈。

二、国际金融危机对中国贫困的影响估算

以经济增长为渠道，本书首先实证考察国际金融危机对中国贫困人口收入的影响。本书的估算结果显示：中国经济增长对减少贫困具有正面的积极作用，但作用相对较弱；10%的 GDP 增长，只能提高城镇贫困人口收入 2.30%。在国际金融危机的冲击下，2009 年城镇贫困人口收入受到的负面影响最大，减少0.322%，其次是 2011 年、2008 年贫困人口收入分别下降的幅度为 0.299、0.253个百分点，最后是 2010 年贫困人口收入减少幅度为 0.046%。从需求角度来看，金融危机对贫困人口收入负面影响主要集中在货物和服务净出口需求的大幅下降，而中国应对金融危机的政策效果是通过资本形成的大幅提高来实现。从产业角度来看，金融危机对贫困人口收入的影响在第一产业上表现不太明显，而在第二产业和第三产业上则比较显著，并且第二产业的波动也是最大的。

在此基础上，根据危机期间中国城乡贫困群体人口现状与特征，本书实证探讨国际金融危机对中国城乡贫困群体的就业和消费等方面的冲击。受金融危机影响而返乡的农民工有 1200 万，占全部外出农民工总数的比例为 8.5%。在对农民工就业产生整体负面影响的情况下，国际金融危机对农村低收入或贫困群体的就业冲击更加猛烈。国际金融危机发生后，我国农业生产与发展仍然受到较大的不利影响，再加上大量农民工乡，并由此对农村就业产生冲击。除农民工外，国际金融危机对城镇居民的就业也产生了一定的冲击，并且对城镇低收入群体或贫困群体的负面影响更大。此外，国际金融危机对贫困群体的消费支出、食物消费和

教育支出也产生了不利的影响。

三、中国应对金融危机政策的减贫效果评估

财政政策方面,运用投资乘数分析法,本书估计4万亿投资对GDP总拉动效应为6.4万亿元左右。由经济增长拉动率、增长减贫弹性系数,4万亿投资的减贫效应为:根据第一种"时滞效应"测算,2009年、2010年和2011年,4万亿投资的GDP拉动率分别为2.60%、4.74%和3.81%,提高城镇贫困人口收入分别为0.60%、1.09%和0.88%;根据第二种"时滞效应"测算,2009年、2010年和2011年,4万亿投资的GDP拉动率分别为3.01%、6.86%和5.38%,提高城镇贫困人口收入分别为0.69%、1.58%和1.24%。此外,从结构安排看,中央政府在4万亿投资上更加重视和倾向贫困地区和贫困群体,在提升贫困群体的收入水平等方面也发挥着重要的积极作用。

货币政策方面,根据危机期间信贷扩张速度、信贷规模与经济增长的长期均衡关系(信贷规模每增长10%,经济增长提高1.65%),2009年、2010年和2011年信贷扩张对GDP的拉动率为5.12%、3.27%和2.59%。进一步,将信贷扩张对GDP的拉动率与增长减贫弹性系数相结合,本书估算出金融危机期间信贷扩张的减贫效应为:2009年、2010年和2011年信贷扩张提高城镇贫困人口收入分别为1.18%、0.75%和0.60%。此外,在央行和农村金融机构的共同努力下,危机期间年银行业金融机构涉农贷款大幅增长,发挥了重要的减贫作用。

在此基础上,本书实证考察了产业、就业和民生政策的减贫效果。与4万亿财政投资一样,十大产业振兴计划在防止中国经济加速下滑,确保中国经济一定的增速的同时,通过增加居民就业机会,服务于"三农"经济发展和促进贫困地区的产业发展,发挥了重要的减贫作用。随着国际金融危机对中国经济影响的不断加深,部分企业生产经营遭遇巨大困难,劳动市场就业压力明显加剧的新情况,国务院和人保部相继出台多项促进城乡就业的政策措施,对稳定城乡居民就业、减少贫困起到了积极作用。最后,在解决中国贫困群体温饱问题、养老问题、医疗问题等方面,民生政策发挥了重要的积极作用。

第二节 短期、长期政策含义

在研究结论的基础上，旨在应对类似国际金融危机的内外部冲击，消除类似金融危机的内外部冲击对贫困人口的潜在、长期的负面影响，增强贫困人口抵御内外部冲击的能力，本书认为，短期推行稳增长与减贫相结合的刺激政策，政策建议主要包括加大对贫困地区的投资建设，稳定和改善贫困群体的就业，以及加强贫困和低收入群体救助等；长期坚持以人为本和改革创新的发展战略，政策建议主要包括优化公共资源分配格局，合理引导资金配置与流向，加大城乡专项扶贫干预的力度，完善社会保障与救济制度，以及加快转变经济发展方式等。

一、短期推行稳增长与减贫相结合的刺激政策

面对国际金融危机，以及类似的内外部冲击，在短期内将扶贫工作与政府的经济刺激计划紧密结合，将减贫工作作为政府的经济刺激计划重点。在推出经济刺激政策，稳定经济增长的同时，加强贫困地区的基础设施、农业结构调整和教育科技等公共投资力度，扶持特色产业，加快乡镇产业发展；在金融危机期间，通过增加劳动密集型企业的扶持，加大对失业人员再培训，强化自主创业的支持力度，稳定和改善贫困家庭就业；提高对贫困地区，特别是民族地区、边境地区和革命老区的农村特困户的生活救助标准，扩大农村社会救助受益面。

(一) 加大贫困地区的投资建设

在金融危机及类似内外部冲击下，政府刺激经济计划应避免将有限的资金用于局部的盲目性重复建设，而是将其重点用于贫困地区人民生活的改善，提升我国民营中小企业，特别是乡镇企业的科技水平，鼓励其自主研发创新，大力发展社会居民所需的民生工程。加大对贫困地区公共基础设施、科技、教育等的投资，在促进经济的平稳增长的同时，促进减贫工作的长远有效发展。

(1) 推进农村基础设施建设。在经济发展过程中，一国的农村基础设施建设滞后会抑制"三农"经济发展，产生剧烈的贫富分化，造成更多的社会矛盾。良好的农村基础设施建设，不但可以降低农业生产成本，而且能够使我国农业生产

经营走上集约化、高效化的发展道路，进而使农村贫困地区居民收入水平得到迅速提高。所以，面对类似金融危机的外部冲击，加大农村基础设施投资是重中之重，主要包括水利、交通、电力、信息、物流、农业生态环境、国土整治等，农村基础设施投资既利于吸收更多的劳动力，特别是贫困边远地区，少数民族地区和革命老区的农村转移劳动力的就近就业，提高农村居民的收入，减少农村贫困人口，也有利于促进当地农业的集约化经营，加快"三农"经济发展和社会主义新农村建设。

（2）扩大农业结构调整投资。中国贫困地区主要以农业生产为主，而仅仅依靠传统农业生产已经不能使农民的收入得到有效的提高；所以，在类似金融危机期间，需要加大农业结构调整投资，加快我国农业生产结构性调整。一是大力发展农产品加工业。大力发展优质原料基地和加工专用品种生产，支持粮食主产区发展粮食特别是玉米深加工，开发传统面米、马铃薯及薯类、杂粮、预制菜肴等多元化主食产品和药食同源的功能食品。加强农产品加工技术集成基地建设，组织开展关键技术装备研发和推广。深入实施农村产业融合发展试点示范工程，开展农业产业化示范基地提质行动，建设一批农村产业融合发展示范园和先导区。二是加强优势特色农产品生产、加工、储藏等技术研发，构建具有地方特色的技术体系。加快信息技术、绿色制造等高新技术向农业生产、经营、加工、流通、服务领域渗透和应用，加强特色产品、特色产业开发和营销体系建设。

（3）增强农村教育科技投资。当前，我国的教育资源分配不合理，特别是贫困地区的教育还相当薄弱。因此，对贫困地区的教育投资是提高贫困地区人口素质，改善贫困地区人民生活水平的关键因素。加大对贫困地区的教育投资，不仅可以使农民不断提高生存和发展能力，加速贫困地区人口的脱贫，而且可以为贫困地区积累一定的人力资本，为农业生产提供良好的条件，使贫困地区产业实现长期发展，还可以使相对富裕地区饱和的教育资源得到良好转移，增加就业途径与机会。在加大对农村教育投资的同时，强化基层农技推广机构的公共性和公益性，构建以国家农技推广机构为主导、科研教学单位和社会化服务组织广泛参与的"一主多元"农技推广体系。创新公益性农技推广服务方式，引入项目管理机制，推行政府购买服务。鼓励县级农业技术推广机构设立区域站，支持乡镇成立综合性农业服务机构，有条件的地方实行管理在县、服务在乡。完善人员聘用和培训机制，提升农技推广人员素质，增强农技服务能力，鼓励与家庭农场、合作社、龙头企业开展技术合作。

（二）稳定和改善贫困家庭就业

（1）增加劳动密集型企业的扶持。在后金融危机时期，特别是短期内保证减贫工作的稳健发展，必须保住那些具有国际比较优势，而受到金融危机严重冲击影响的企业。这是我国保障城乡贫困群体就业、维护和谐社会的良好运行的关键因素。首先，加大对劳动密集型产业的扶持。大力发展农产品、食品加工、玩具、纺织等劳动密集型产业，引导劳动密集型产业向贫困地区转移。其次，积极组织当地乡镇企业和具有竞争优势的龙头企业开拓国际市场。通过参加国际性商品展览、开展展销会等方法帮助其收集国际市场信息，积极引导有条件、有能力的企业开拓新的市场。最后，政府部门要制定相关政策对贫困地区中小企业提供税收优惠条件，积极为中小微企业提供政策、信息和技术咨询等多方面的服务，推进中小微企业发展，充分发挥中小微企业吸纳劳动力就业的主体作用。

（2）加大对失业人员再培训。当地政府可以联合当地技能培训机构和大专院校对失业人员进行公益培训，参加失业人员就业再就业培训、返乡农民工创业培训、被征地农民培训、农村劳动力转移培训、外出农民工技能培训，可按规定享受政府培训补贴。补贴政策可以以培训后获得的《国家职业资格证书》或《专项职业能力证书》为标准，从专项资金中列支。例如：徐州市政府规定对外出农民工技能培训给予补贴的相关条件，其中，等级职业资格培训以外出农民工获取《国家职业资格证书》为准；非等级培训以外出农民工获取《专项职业能力证书》为准。此外，大力开展公益专业知识讲座，提高其专业素质，加强对其专业技术的培训，为其再就业以及自主创业打下专业知识与技术基础。

（3）强化自主创业的支持力度。在金融危机的冲击下，企业生产经营压力加大，很难在短期内提供更多的就业机会，需要鼓励劳动力自主创业。一是政府积极鼓励农民工返乡自主创业。当地政府可以运用财税、信贷等优惠政策，通过给予返乡农民工相关税费减免、放宽信贷标准、提供财政贴息等多种方式，支持返乡农民工自主创业，并为其提供信息、技术、管理等方面的服务；二是政府应加大城镇失业人员自主创业的政策扶持力度，给失业人员提供更加宽松的创业环境。政府部门要制定更大力度的扶持政策，切实做好市场准入、场地安排、税费减免、小额担保贷款、免费创业信息服务等方面的扶持工作，为城镇失业人员自主创业创造良好的外部环境和动力支持。

(三) 加强贫困和低收入群体救助

在金融危机的冲击下，失业人员的居高不下，城乡贫困和低收入群体的规模不断扩大。对贫困和低收入人群的特殊困难，需要政府加大专门性的经济和社会救助服务，帮助他们解决实际困难。首先，为贫困人员提供力所能及的就业岗位。对低收入群体，尤其是就业技能低、年龄偏大、残疾人等应增加公益性劳动岗位、实行就业帮扶、推广以工代赈等办法，实现增加就业与贫困救助的有机融合。其次，加强对弱势群体的疾病和灾害救助，降低其陷入贫困的风险。针对贫困人员由于疾病或灾害而遇到的生活困难，政府部门应根据其特殊情况，有针对性地适当提高专项救助标准，加大救助力度，努力帮助其渡过难关。最后，针对贫困人员的住房困难，要采取适当提高建房补助标准、减免廉租房租金等方式，努力改善其居住条件。充分利用扩大内需的有利环境，加快廉租房建设和棚户房改造、社会主义新农村建设的有利时机，将廉租房和农村住房补贴政策适当向贫困人员倾斜，通过减免房租、加大建房补贴等多项措施，切实改善贫困人员的居住条件，促进社会的和谐。

二、长期坚持以人为本和改革创新的发展战略

在国际金融危机，以及类似的内外部冲击下，长期应该坚持以人为本和改革创新的发展战略。在长期，结合金融危机期间的经济形势，优化公共资源分配格局，推动基本公共服务均等化，努力提升贫困地区人力资本素质；加大城乡专项减贫干预力度，给予困难群体更具针对性的救助；完善社会保障制度，给予流动人口平等的社会待遇，增强务工人员的归属感；提升自主创新能力，优化经济发展空间布局，促进经济发展方式转变，积极缩小地区、城乡发展差距，为实现科学发展、全面建设小康社会创造条件。

(一) 优化公共资源分配格局

通过深化财税体制改革，优化财政支出结构、加大对农村及中西部欠发达地

区在基础设施建设、义务教育、公共卫生和基本医疗等的财政支出力度，推进基本公共服务均等化，使所有公民尤其是中低收入人群都能享受到大体均等的基本公共产品和服务，在推动经济发展的同时，提高中低收入群体拥有的物质和人力资本水平，增强其收入与消费能力。

（1）进一步深化财税体制改革。目前中国税收权限在中央政府高度集中，中央政府具有较大的税收权限及财政实力；但是，地方政府税收权限较小，财政实力也极其有限，地方政府缺乏足够的财力进行必要的公共投资，促进当地经济公平和高效的发展。基于公共投资的空间性、层次性和受益性特征，地方政府应该拥有必要的税收权限。地方政府拥有必要的税收权限，符合地方政府与民众参与越多的事务，越可能由其自由决定、自由实现的价值理念，是中央政府与地方政府之间实现财权与事权匹配的必然选择，也是提高地方政府公共投资能力，实现公共投资公平性的实际需要。其一，确保中央政府拥有跨地区和全国性的重要税种的税收权限，如对增值税、所得税、关税等的税收权限。此举旨在保证中央政府具有充足的财力，承担国家层面的公共投资，以及中央政府对地方政府的转移支付。其二，赋予地方政府必要的税收权限，包括一定的税种开征权、税收减免权和税率调整权。如车船使用税、契税、特定消费税等，根据实际情况地方政府可以决定是否开征，自定减免税范围、自定税率和违章处理办法。此外，根据当地经济资源优势，地方政府还可以开征一些具有地方特点的税种。

（2）优化财政支出结构。财政收入的稳步增长，使政府拥有更多的公共资源，这就需要政府优化财政支出结构，加大对基础设施、教育与科学研究、公共卫生、社会保障等方面的财政投入，尤其是要为贫困地区、贫困人口提供更多的教育、培训机会，提高当地人力资本的素质，增加其外出务工和自主创业的机会，从根本上摆脱贫困。同时，加强资金管理等多种方式，努力提高公共资源的使用效率，在增加中低收入人群转移性收入的同时，促进经济健康发展。长期以来，地区间发展的不均衡原因也是多方面，其中包括地区之间财政资源的分布极不均衡。近些年来，中央政府不断加大对农村地区和中西部地区的投入力度，地区间财政资源分配的不均衡得到一定程度的缓解；但是，这种缓解与实际要求还有相当大距离。所以，中央财政还需加大对中西部地区和农村地区的投入倾斜力度，推动中西部地区经济发展，提高农村居民收入水平。

（3）完善公共投资法律体系。目前，我国公共投资法律制度存在一些问题，在立法层面急需完善公共投资法律制度。完善公共投资法律制度，迫在眉睫的是制定一部公共投资基本法，对公共投资领域的基本问题进行明确的法律规定。公共投资基本法主要涉及如下内容：第一，坚持投资公平优先，效率兼顾的基本理念或原则。针对我国区域发展不均衡的现状，公共投资法的根本宗旨是实现区域与社会公平，通过公平的公共投资来实现公共产品和服务均等化的目标。第二，明确政府之间、政府与市场之间公共投资界限。在法律层面明确不同层次政府之间的公共投资界限，同时，政府公共投资限于市场投资失灵或者投资效率不如政府的领域。第三，建立健全政府公共投资的预算与监督机制。规范各级预算部门的权力、义务和责任，完善公共投资的预算管理与监督。第四，构建完善政府公共投资的责任与追究机制。构建政府部门及其负责人的公共投资行为的行政、民事、刑事责任的约束机制，加强责任监督与追究机制，使政府公共投资行为法治化、规范化。

（4）健全转移支付制度。对于纠正现行公共投资的不公平，健全转移支付制度将会起到重要促进作用。在健全转移支付制度方面，一是加快《财政转移支付法》的颁布与实施，以法律条文政府财政转移支付的权限、义务责任进行明确规定，从而提高财政转移支付的法治性、稳定性和权威性；同时，加强财政转移支付全过程的监督与责任追究，保证公共投资的公平目标的实现。二是建立具有倾向性财政转移制度，以此促进公共投资公平的实现。加大对中西部地区的财政转移支付力度，缩小东、中、西部地区之间的基础教育、基础设施建设和社会保障等方面差距，提高政府对农村地区，尤其是农村贫困地区的财政转移支付力度，提高农村居民收入，减少贫困。三是以"因素法"替代"基数法"，确定财政转移支付额度。以此提高转移支付的客观公正性、可预见性和透明度，提高财政管理的科学性，规范不同层次政府间的财政关系。此外，改革非财力性转移支付制度，如税收返还等，改变由此造成大量资金流向东部沿海地区，从而扩大区域之间政府财力差距。

（二）合理引导资金配置与流向

面对金融危机的冲击 在密集出台利率和存款准备金率连续下调的货币政策，

迅速扩张信贷规模和货币供给量的同时，央行还需坚持有利于强农惠农，有利于"三农"发展，有利于中小企业发展的政策取向，综合运用再贴现、再贷款等货币政策工具，为引导更多资金投向中小企业、"三农"经济发展创造良好条件。

（1）大力发展中小型金融机构。在深化大型金融机构市场化改革的同时，加快中小型金融机构的发展，积极稳妥地发展竞争性金融市场。相较大型金融机构而言，中小型金融机构更有可能促进中小企业和小微企业的发展。所以，大力发展中小型的金融机构对减贫工作具有重要意义。放松中小金融机构的准入门槛，特别是在农村地区的准入门槛，并对其进行有效的风险监控。加快农业等相关产业保险市场的发展，降低中小型金融机构的经营风险。受农业等相关产业发展风险大的影响，金融部门普遍存在惜贷现象，这就需要发挥财政政策"四两拨千斤"的作用，扶持农业保险市场的建设与发展，努力消除金融部门的后顾之忧，进而为农村地区中小微企业、家庭农场的发展提供资金支持。

（2）降低中小企业贷款的标准。目前我国金融机构对贷款要求与标准较高，通常只有大中型企业才能得到比较充足的商业银行贷款，而小企业，特别是贫困地区乡镇企业难以获得贷款支持。在4万亿投资计划的实施过程中，受益者大部分是大型国有企业，民营经济不仅难以参与，还受到大型国有企业挤出效应的影响，其规模出现萎缩，造成"国进民退"的现象。所以，决策部门需要按照国际上通行的标准来定义中小企业和小微企业。央行需要在政策上采取各种措施，鼓励金融机构向中小型企业，小微企业和"三农"经济发放贷款；在监管上按照小微企业贷款的特点对监管办法进行适当的修改，适度地降低标准；在技术上帮助金融机构开发商业性的瞄准小微企业的信贷产品和其他金融服务。

（3）支持扩大涉农信贷投放。旨在加大对贫困地区农业发展的资金支持力度，中央银行可提供相对应的再贷款支持政策。扶贫再贷款的支持范围是国家扶贫开发工作重点县、连片特困地区，以及省级扶贫开发工作重点县；扶贫再贷款由上述贫困地区的农村信用社、农村合作银行、农村商业银行和村镇银行等四类地方法人金融机构发放。旨在为地方法人金融机构提供期限较长、成本较低的资金来源支持脱贫攻坚，可以适当延长扶贫再贷款使用期限，制定比支农再贷款更低的优惠利率。旨在精准扶贫方面有效发挥扶贫再贷款的作用，对建档立卡贫困户，以及能够带动贫困劳动力就业的农村合作社、企业，地方法人金融机构优先进行再贷款支持，积极推动贫困人口创业就业和发展农业特色产业，促进贫困人口脱贫致富和贫困地区经济发展。

（三）加大城乡扶贫干预力度

中国贫富差距的扩大不仅制约了消费需求的增长，影响经济发展的可持续性，也阻碍了和谐社会的构建。应该充分利用刺激消费、扩大内需的有利时机，加快缩小贫富差距、城乡差距，积极通过城乡各种专项扶贫干预项目，努力改善贫困群体的发展条件，逐步缩小贫富差距。

（1）逐步扩大和丰富专项扶贫项目，努力改善贫困群体发展条件。中国现行的城乡专项扶贫计划既有针对城乡贫困群体的医疗、教育等救助计划，也有针对贫困地区支持特定产业的扶贫专项计划，在一定程度上解决了贫困群体的暂时困难，改善了当地的发展条件。但是，总体来看，无论是项目的资金规模，还是扶持项目都与城乡贫困群体的实际需要存在较大差距。所以，有关部门应继续加大财政投入力度，丰富支持项目的内容，真正帮助贫困群体消除制约发展的障碍。特别是，要努力扩大专项扶贫财政资金的规模，提高专项扶贫财政资金的使用效率，切实增强贫困地区和贫困人口自身发展的能力，增强其抵御风险的能力。

（2）建立低保补助标准动态调整机制，不断提升低保人员生活质量。一是稳定市场物价水平，保障中低收入群体的生活质量。政府部门应该关注市场价格走势尤其是生活必需品价格走势，根据市场价格的异常波动，及时调整货币政策方向，并努力采取有效措施平抑价格，促进市场价格的平稳运行，保持中低收入群体消费水平的稳定。二是根据物价上涨情况，动态调整低保标准，稳定低保人员生活质量。一般来说，低收入人群对基本消费品价格的变化最为敏感，当物价上涨时，其生活质量会明显下降。因此，有关部门要加快建立和完善低保与物价联动机制，及时根据基本消费品价格指数变动情况，调整低保补贴标准。

（四）完善社会保障与救济制度

（1）继续完善社会保障制度。社会保障作为面向劳动者的社会保障措施，通过向劳动者提供疾病医疗保险、养老保障、失业保险等，有效降低了受保者生存压力，解除了受保者的后顾之忧。由于历史的原因，中国现行的社会保障制度并不健全，已经成为抑制消费、阻碍经济发展的重要障碍。为消除居民后顾之忧，稳定消费预期，提高消费者信心，需要加快完善社会保障制度，通过扩大社会保险覆盖范围，做实个人账户，提高社会保障统筹级次，实现社会保险异地转续，完善新型农村合作医疗、农村养老保险制度建立等多种方式，逐步缩小社会保障权益在不同社会群体之间不平等现象，使全体民众真正共享到经济发展的成果。

（2）加快建设农村社会救助体系。作为最低层次的或最基础的社会保障，社会救助是贫困人口生存的最后一道防线。建立完善社会救助体系，建立高效的贫困群体保护网，是社会主义市场经济的本质和内在要求，是中国经济社会发展的稳定器。针对当前救助体系不完善、救助效率不高等问题，政府部门要在广大农村地区加快完善乡村社会救助体系，要以提高整体救助效果，增强救助系统功能为目标，通过科学论证、整体构思，加快建立完善以最低生活保障制度为主，以医疗救助、教育救助、灾害救助为辅，全方位、多层次的农村新型社会救助体系，努力使各项救助协调衔接、相互兼顾，并与优惠政策、社会帮扶和社会捐赠紧密结合、协调推进，彼此之间形成良性互动与循环。

（3）完善和规范城市社会救助体系。政府部门积极开展宣传教育活动，引导城镇低保、贫困人员转变就业观念，鼓励其自食其力；加强对城镇低保、贫困人员的职业技能培训，通过减免培训费等方式，鼓励低保对象参加职业技能培训，提高其自身素质，增加就业竞争力。此外，国家还要制定财税优惠政策，如通过减免相关税费、代缴社会保险费、发放特困人员就业补贴等多种方式，鼓励企业招用城镇贫困劳动力。

（五）加快转变经济发展方式

在后金融危机时期，世界经济的全面复苏可能是一个缓慢而复杂的过程。在此过程中，因为原有的发展模式难以为继，世界经济在大调整大变革之中出现了一些新的变化趋势。如新科技革命向纵深推进，新技术、新产业和新经济形态不断涌现；全球气候和环境变化加剧，人类面临的共同挑战增多。这些变化推动着国际社会调整和转变发展理念，促进各国探索和创新发展模式，以适应更加复杂的变化和应对更加严峻的挑战。能否顺应世界经济的新变化，加快以现代发展方式替代传统发展方式，关系到我们能否牢牢把握发展的主动权，更好地应对全球化竞争和各种挑战，也将从根本上决定我国的发展前景和国家的战略利益。

（1）以自主创新为着力点，形成以创新为主要引领和支撑的发展模式。针对当前企业自主创新不强，多数企业尚未形成自己的核心技术能力，创新的组织机制尚不健全等突出问题，深化实施创新驱动战略，加快新动能成长和传统动能改造提升。激发调动全社会的创新激情，推进大众创业、万众创新，支持新产业、新业态、新商业模式发展，加快形成以创新为主要引领和支撑的经济体系、发展模式。政府部门要通过加快财税体制改革，加强知识产权保护，大力破除制约企业自主创新能力增强的体制性、机制性障碍，形成调动企业自主创新积极性的制度环境；加大政府科技投入，强化中介服务和公共平台体系建设，加强企业对国家重大科技计划的参与，加大对自主创新产品政府采购的支持力度，建立企业自主创新的政府长期稳定的支持机制；完善相关税收优惠政策，合理使用税收抵免、加速折旧等事前优惠政策，以及对高污染、高消耗企业，以及使用落后工艺、设备实施限制或惩罚性税收等，增加企业自主创新的内在动力。

（2）以产业转移为主要的载体，实现区域之间发展的均衡性与协调性。按照主体功能区的要求，加快产业梯度转移，合理规划产业布局，统筹协调区域发展。东部沿海地区应该加大自主创新能力的培养，充分利用高素质的劳动力、雄厚的技术基础、发达的信息网络和广阔的国际市场等优势，大力发展先进制造业、战略新兴产业和现代服务业，提高产品的技术含量与附加值，打造技术与服务高端品牌。同时，正视土地、劳动力成本、资源和环境的巨大承载压力，加快向中西部重点开发区的产业转移。中西部产业承接地区则要通过加快基础设施建设、更新思维观念、营造有利的政策环境等措施，充分发挥劳动力和资源的比较成本优势，积极吸引东部地区企业的产业转移，同时辐射带动边远、贫困地区经济发展，帮助当地居民脱贫致富，积极推进中国扶贫减贫工作。

第三节　研究展望

在国内外学者研究的基础上，基于穷人的研究视角，本书系统分析国际金融危机影响中国贫困的主要渠道，实证考察国际金融危机对中国贫困的影响，以及中国应对危机政策的减贫效果。在此基础上，本书系统提出适合我国针对类似国际金融危机与减少贫困的管理框架，和切合实际的兼容、协调的政策体系。但是，基于篇幅和数据的限制，本书尚存一些不足之处，还待后续的进一步研究。

在国际金融危机影响中国贫困层面，本书主要以经济增长、就业和消费为渠道，分别实证考察国际金融危机对中国城镇贫困人口收入和中国贫困群体影响。但是，限于篇幅与缺乏完整的数据，对经由就业和消费渠道国际金融危机对中国贫困群体的影响，本书只是进行了统计与典型案例分析；而且，对于本书理论研究提出的经由国际贸易与资本流动、价格调整、公共支出和社会环境渠道，国际金融危机对中国贫困的影响，有待后续的进一步系统深入研究。

在中国应对危机政策的减贫效果层面，本书主要实证考察应对危机的财政政策、货币政策、产业政策、就业政策和民生政策的减贫效应。但是，限于篇幅与缺乏完整的数据，对产业政策、就业政策和民生政策的减贫效果，本书只是进行了统计与典型案例分析；而且，对于危机期间中国采取的外贸政策、外资政策、汇率政策等宏观经济政策，以及它们各自的减贫效应，尚待后续的进一步系统深入研究。

参 考 文 献

[1] Acemoglu, D., Zilibotti, F. Was Prometheus Unbound by Chance? Risk, Diversification, and Growth. Journal of Political Economy, 1997 (105): 709-775.

[2] Agénor, Pierre-Richard, Joshua Aizenman. Contagion and Volatility with ImperfectCredit Markets. Staff Papers, International Monetary Fund, 1998 (45): 207-235.

[3] Agénor, Pierre-Richard. Business Cycles, Economic Crises, and the Poor: Testing for Asymmetric Effects. World Bank Working Paper No. 2700, October 2001.

[4] Akerlof, Romer. Looting: the Economic Underworld of Bankrupcy for Profit. Brookings Papers on Economic Activity, 1993 (2): 1-73.

[5] Alan Greenspan. The Age of Turbulence: Adventures in a New World. The Penguin Press, 2007.

[6] Allen, F., Gale, D. Diversity of Opinion and Financing of New Technologies. Journal of Financial Intermediation, 1999 (8): 68-89.

[7] Arellano, M., Bond S. Some tests of Specification for Panel Data: Monte Carlo Evidence and An Application to Employment Equation, Review of Economic Studies, 1991 (58): 277-297.

[8] Arellano, M., O. Bover. Another Look at the Instrumental Variable Estimation of Error-Components Models. Journal of Econometrics, 1995 (68): 29-51.

[9] Atinc, M. T., Michael Walton. Social Consequences of the East Asian Financial Crisis. Washington D. C. World Bank, http: //www. worldbank. org/poverty,

1998.

［10］ Azariadis, C. The Theory of Poverty Traps: What Have We Learned//S. Bowles et al. Poverty Traps. Princeton University Press, 2006.

［11］ Azariadis, Stachurski. Poverty Traps//Aghion, Durlauf. Handbook of Economic Growth, Vol. 1A, Elsevier, Amsterdam, 2005.

［12］ Banfield, Edward C. The Moral Basis of a Backward Society. University of Chicago Press: Chicago, 1958.

［13］ Barham, V. et al. Education and the Poverty Trap. European Economic Review, 1995 (39): 1257-1275.

［14］ Beck, T. , A. Demirgüc-Kunt, L. Laeven, R. Levine. Finance, Firm Size and Growth. Journal of Money, Credit and Banking, 2008, 40 (7): 1379-1405.

［15］ Beck, T. , R. Levine, N. Loayza. Finance and the Sources of Growth. Journal of Financial Economics , 2000 (58): 261-300.

［16］ B. Eiehengreen et al. How the Subprime Crisis Went Global. NBER Working Paper, No. 14904, 2009.

［17］ Bekaert, Geert, Campbell R. Harvey, Christian Lundbald. Emerging Equity Markets and Economic Development. NBER Working Paper, No. 7763, Cambridge, MA: National Bureau of Economic Research, 2000.

［18］ Bekaert, G. , Harvey, C. R. , Lundblad, C. Financial Openness and Productivity. NBER Working Paper No. 148-43, 2010.

［19］ Bencivenga, V. R. , Smith, B. D. Financial Intermediation and Endogenous Growth. Review of Economics Studies, 1991 (58): 195-209.

［20］ Blackburn, K. , Hung, V. T. Y. A Theory of Growth, Financial Development, and Trade. Economica , 1998 (65): 107-124.

［21］ Blanchard . The Crisis: Basic Mechanisms and Appropriate Policies. IMF Working Paper, 2009.

［22］ Blundell, R. , S. Bond. Initial Conditions and Moment Restrictions in Dynamic Panel Data Models. Journal of Econometrics, 1998 (87): 115-143.

［23］ Bose, N. , Cothren, R. Equilibrium Loan Contracts and Endogenous Growth in the Presence of Asymmetric Information. Journal of Monetary Economics, 1996 (38): 363-376.

[24] Bourguignon, Francois, Christian Morrisson. Adjustment and Equity in Developing Countries. Development Studies Centre, Paris: OECD, 1992.

[25] Brown, J., G. Martinsson, B. Petersen. Do Financing Constraints Matter for R&D? New Tests and Evidence. Working Paper, Iowa State University, 2010.

[26] Brown, J., S. Fazzari, B. Petersen. Financing Innovation and Growth: Cash flows, External Equity, and the 1990s R&D Boom. Journal of Finance, 2009 (64): 151-185.

[27] Burkett, Paul, Amitava Krishna Dutt. Interest Rate Policy, Effective Demand and Growth in LDCs. International Review of Applied Economics, 1991, 5 (2): 127-154.

[28] Caballero, Farhi, Gourinehas. Financial Crash, Commodity Prices and Global Imbalances. NBER Working Paper, No. 14521, 2008.

[29] Caprio G. Safe and Sound Banking in Developing Countries: We Are Not in Kansas Anymore. The World Bank Policy Research Paper, 1997.

[30] Carter, M. R. et al. Poverty Traps and Narural Disasters in Ethiopia and Honduras. World Development, 2007, 35 (5): 835-856.

[31] Chigumira, Gibson, Nicolas Masiyandima. Did Financial Sector Reform Result in Increased Savings and Lending for the SMEs and the Poor. IFLIP Research Paper, 03-7, 2003.

[32] Cho, Y. C., D. Khatkhate. Financial Liberalisation: Issues and Evidence. Economic and Political Weekly, May 1990.

[33] Chowdhury, A., Islam, I. The Newly Industrialising Economies of East Asia. New York: Routledge Press, 1993.

[34] Claessens, S., L. Laeven. Financial Development, Property Rights, and Growth. Journal of Finance, 2001 (58): 2401-2436.

[35] Clarke et al. The Effect of Foreign Entry on Argentina's Domestic Banking Sector//S. Claessens, M. Jansen. Internationalization of Financial Services:

Issues and Lessons for Developing Countries. Dordrecht, Holland: Kluwer Press, 2000.

[36] Clarke George, Xu Lixin Colin, Zou Heng-fu. Finance and Income Inequality: Test of Alternative Theories. World Bank Policy Research Working Paper 2984, March 2003.

[37] Datt, Gaurav, Martin Ravallion. Why have Some Indian States Done Better than Others at Reducing Rural Poverty. Economica, 1998 (65): 17-38.

[38] David Romer. Advanced Macroeconomics. The McGraw-Hill Companies, 1996.

[39] De Gregorio, J. Liquidity Constraints, Human Capital Accumulation and Growth. IMF, 1992 (8).

[40] de la Fuente, A., Marin, J. M. Innovation, Bank Monitoring, and Endogenous Financial Development. Journal of Monetary Economics, 1996 (38): 269-301.

[41] Demetriades, P. O., P. Devereux. Investment and 'Financial Repression', Theory and Evidence from 63 LDCs. Working Paper in Economics, 92/16, Keele University, 1990.

[42] Demirguc-Kunt, Asli, Maksimovic, Vojislav. Law, Finance, and Firm Growth. Journal of Finance, 1998, 53 (6): 2107-2137.

[43] Demirguc-Kunt A., Levine, R. Finance, Financial Sector Policies and Long-run Growth. Policy Research Working Paper 4469, 2008.

[44] Devereux, M. B., G. W. Smith. International Risk Sharing and Economic Growth. International Economic Review, 1994: 535-551.

[45] Dollar, D., Kraay, A. Growth is Good for the Poor. World Bank, Washington DC, 2000.

[46] Dollar, David, Aart Kraay. Growth is Good for the Poor. Journal of Economic Growth, 2002, 4: 239-276.

[47] Douglass C. North, Institutions, Institutional Change, and Economic Performance, Cambridge University Press, New York, 1990.

[48] Durlauf, S. N. Groups, Social Influences and Inquality//In: S. Bowles et al. Poverty Traps. Princeton University Press, 2006.

［49］ Edward S. Shaw, Financial Deepening in Economic Development. Oxford University Press, 1973.

［50］ Edwards, Sebastian. Capital Mobility and Economic Performamce. Are Emerging Economies Different. NEBR Working Paper, No. 8076, Cambridge, MA: National Bureauof Economic Research, 2001.

［51］ Eleonora, C. , M. Marcella. External Debt in Emerging Economies: A Model of Financial Fragility. Background Paper for the AISSEC Conference, February 2004.

［52］ Emanuele Baldacci, Luiz de Mello, Gabriela Inchauste. Financial Crises, Poverty, and Income Distribution. IMF Working Paper, WP/02/4, January 2002.

［53］ Era Dabla-Norris, Erasmus Kersting, Geneviève Verdier. Firm Productivity, Innovation, and Financial Development. IMF Working Paper, WP/10/49, 2010.

［54］ Erosa, A. , A. H. Cabrillana. On Finance as a Theory of TFP, Cross-industry Productivity Differences and Economic Rents. International Economic Review, 2008, 49 (2): 437-473.

［55］ Farrell, M. J. Measurement of Productive Efficiency. Journal of the Royal Statistical Society, Part3, Serial A, 1957.

［56］ Fecht, F. , Huang, K. X. D. , Martin, A. Financial Intermediaries, Markets and Growth. Journal of Money, Credit and Banking, 2008, 40 (4): 701-720.

［57］ Fernandez, Kaboub, Todorova. On Demoeratizing Financial Turmoil. Working Paper, No. 548, The Ievy Economies Institute of Bard College, 2008.

［58］ Ferreira, Francisco. Roads to Equality: Wealth Distribution Dynamics with Public-Private Capital Complementarity. LSE-STICERD Discussion Paper, TE/95/286, 1995.

［59］ Ferreira, Francisco, Giovanna Prennushi, Martin Ravallion. Protecting the Poor from Macroeconomic Shocks: An Agenda for Action in a Crisis and Beyond. World Bank Working Paper No. 2160, August 1999.

［60］ Fields, Gary. Changes in Poverty and Inequality in Developing Countries The

World Bank Research Observer, 1989, 4-2: 167-182.

[61] Flood Robert, Peter Garber. Collapsing Exchange Rate Regime: Some Linear Example. Journal of International Economics, 1984, 17 (1-2): 1-13.

[62] Fry, M. Money, Interest and Banking in Economic Development. John Hopkins University Press, 1995.

[63] Fuente, Marin. Financial intermediation and growth: Causality and causes. Journal of Monetary Economics, 1996 (46): 31-77.

[64] G. Clarke. et al. Empirical Studies of Bank Privatization: Some Lessons. World Bank MIMEO, April 2004.

[65] Galor, Oded, Zeira, J. Income Distribution and Macroeconomics. Review of Economic Studies, 1993 (60): 35-52.

[66] Gelb, A. H. Financial Policies, Growth and Efficiency. PRE Working Paper202, World Bank, 1989.

[67] Gerlash Stefan, Frank Smets. Contagious Speculative Attacks. European Journal of Political Economy, 1995 (11): 5-63.

[68] Giovannini, A. The Interest Rate Elasticity of Savings in Developing Countries. World Development, July 1983.

[69] Glaesey, Edward L. , et al. Do Institutions Cause Growth. Journal of Economic Growth, 2004 (9): 271-303.

[70] Goldsmith, R. W. , Financial Structure and Development. Yale University Press, New Haven, CT, 1969.

[71] Granger, C. W. J. Investigating Causal Relations by Econometric Models and Cross-Spectral Methods. Econometrica, 1969 (36): 424-438.

[72] Greenwood, Jeremy, Boyan Jovanovic. Financial Development, Growth, and the Distribution of Income. Journal of Political Economy, 1990, 98 (5): 1076-1107.

[73] Greenwood J. , B. D. Smith. Financial Market in Development and the Development of Financial Market. Journal of Economic Dynamics and Control, 1997, 21 (1): 145-181.

[74] Greenwood, J., Sanchez, J. M., Wang, C. Financial Development: the Role of Information Costs. NBER Working Paper 13104, 2007.

[75] Grossman, S., E. Stiglitz. On the Impossibility of Imformationally Efficient Markets. American Economic Review, 1980 (70): 343-408.

[76] Guiso, L., P. Sapienza, L. Zingales. The Role of Social Capital in Financial Development. NBER Working Paper, 2001.

[77] Hanson, G., A. Harrison. Who Gains from Trade Reform? Some Remaining Puzzles. Journal of Develop-ment Economics, 1999, 59 (1): 125-154.

[78] Harrison, P., Sussman, O., Zeira, J. Finance and Growth: Theory and Evidence. Mimeo, Federal Reserve Board (Division of Research and Statistics), Washington, DC, 1999.

[79] Hellwig, M. Banking, Financial Intermediation, and Corporate Finance// Giovanni, A., C. Mayers. European Financial Integration. Cambridge, England: Cambridge University Press, 1991: 35-63.

[80] Holden, Paul, Vassili Prokopenko. Financial Development and Poverty Alleviation: Issues and Policy Implications for Developing and Transition Countries. IMF Working Paper, WP/01/160, Washington, DC: International Monetary Fund, 2001.

[81] Honoban, P. Financial Development, Growth and Poverty: How Close Are the Links. World Bank Policy Research Working Paper 3203, February 2004.

[82] Irwin, Douglas A., Marko Tervio. Does Trade Raise Income? Evidence from the Twentieth Century. Journal of International Economics, 2002, 58 (1): 1-18.

[83] Jahan, S., R. McCleery. Making Infrastructure Work for the Poor, Synthesis Report of Four Country Studies. New Work: United Nations Development, 2005.

[84] Jappeli, T., M. Pagano. Saving, Growth, and Liquidity Constraints. Quarterly Journal of Economics, 1994, 109 (2): 83-109.

[85] Jessen, M. C. Agency Costs of Free Cash Flow, Corporate Financial and Takeovers. American Economic Review, 1986 (76): 323-339.

[86] John Gurley, Edward Shaw. Financial Aspects of Economic Development.

American Economic Review, September 1955: 515-518.

[87] Kamalakanthan, A., Laurenceson, J. How Important Is Foreign Capital to Income Growth in China and India. Discussion Paper, No. 4, East Asia Economic Research Group, School of Econom ics, The University of Queensland, 2005.

[88] Kaminsky, G., C. Reinhart. On Crises, Contagion and Confusion. Journal of International Economics, 2000, 51 (1): 145-168.

[89] King, R. G., Levine, R. Finance and Growth: Schumpeter Might be Right. Quarterly Journal of Economics, 1993 (108): 717-738.

[90] King, R. G., Levine, R. Finance, Entrepreneurship, and Growth: Theory and Evidence. Journal of Monetary Economics, 1993 (32): 513-542.

[91] Kraay Aart. When is Growth Pro-poor? Cross-country Evidence. Policy Research Working Paper Series 3225, The World Bank, 2004.

[92] Krugman Paul. A Model of Balance of Payments Crises. Journal of Money, Credit and Banking, 1979: 311-325.

[93] Krugman P. What Happened to Asian. MIT Working Paper, 1998.

[94] Laeven Luc. The Political Economy of Deposit Insurance. Journal of Financial Services Research, 2003.

[95] La Porta, Rafael, Lopez-de-silanes, Florencio, Shleifer, Andrei, Vishny, Robert. Law and Finance. Journal of Political Economy, 1998 (106): 1113-1155.

[96] Leuz, Christian, Feliz Oberholzer-Gee. Corporate Transparency and Political Connections. MIMEO, Wharton School, 2003.

[97] Levine Ross. Financial Development and Economic Growth: Views and Agenda. Journal of Economic Literature, June 1997.

[98] Levine, R., Zervos, S. Stock Markets, Banks, and Economic Growth. American Economic Review, 1998 (88): 537-558.

[99] Li, Hongyi, Lyn Squire, Heng-fu Zou. Explaining International and Intertemporal Variations in Income Inequality. The Economic Journal, 1998, 108 (January):

26-43.

[100] Lipton, Michael, Martin Ravallion. Poverty and Policy. Behrman, T. N. Srinivasan. Handbook of Development Economics, Vol. III. Amsterdam: Elsevier Publishers, 1995.

[101] Lokshin, Michael, Martin Ravallion. Welfare Impacts of Russia's 1998 Financial Crisis and the Response of the Public Safety Net. Economics of Transition, 2000, 8 (2): 269-295.

[102] Lucas, R. E. On the Mechanics of Development Planning. Journal of Monetary Economics, 1988, 22.

[103] Lustig, Nora. Coping with Austerity: Poverty and Inequality in Ltin America. Washington, D. C. : Brookings Institutions, 1995.

[104] Lustig, Nora. Crises and the Poor: Socially Responsible Macroeconomics. Economical, Fall 2000.

[105] Manuelyan Atinc, Tamar, Michael Walton. Social Consequences of the East Asian Financial Crisis. Washington D. C. : World Bank, 1998.

[106] Martin J. Osibin, Levine, R. Stock markets, banks, and growth: Panel evidence. Journal of Banking and Finance, 1996 (28): 423-442.

[107] Martin Ravallion, Shaohua Chen. The Impact of the Global Financial Crisis on the World's Poorest, http: //www. voxeu. org/index. php? q = node/3520, April 2009.

[108] Maurer, Noel, Haber, Stephen. Bank Concentration, Related Lending and Economic Performance: Evidence from Mexico. Stanford University MIMEO, 2003.

[109] Michael Klein, Carl Aaron, Bita Hadjimichael. Foreign Direct Investment and Poverty Reduction. World Bank, May 2001.

[110] Michael Roemer, Mary Kay Gugerty. Dose Economic Growth reduce Poverty. USAID under the Consulting Assistance on Economic Reform (CAER) II project, contract PCE-0405-Q-00-5016-00, 1997.

[111] Morck, R. , M. Nakamura. Banks and Corporate Control in Japan. Journal of

Finance, 1999 (54): 319-340.

[112] Morris S. , Shin H. The Theory of Currency Attacks. Mimeo, Nuffield College, Oxford, 1998.

[113] M. K. Brunnermeier. Deeiphering the Liquidity and Credit Crunch 2007 -08. NBER Working Paper, No. 14612, 2008.

[114] M. Lim. Old Wine in a New Bottle: Subprime Mortgage Crisis-Causes and Consequences. Working Paper, No. 532, The Ievy Economies Institute of Bard College, 2008.

[115] Muhamad Shaikh, Faiz. Impact of Foreign Direct Investment on Poverty Alleviation in Pakistan by Using CGE Model. Conference or Workshop Item (Paper), 2007.

[116] Obstfeld Maurice. The Logic of Currency Crises. NBER Working Paper, No. 4640, 1994.

[117] Obstfeld Maurice. Models of Currency Crises with Self-Fulfilling Feature. NBER Working Paper, No. 5287, 1995.

[118] Ozkan F. Gulcin, Sutherland Alan. Policy Measures to Avoid a Currency Crises. The Economic Journal, 1995: 510-519.

[119] Pagano, M. Financial Markets and Growth: An Overview. European Economic Review, 1993 (37): 613-22.

[120] Patrick Honohan. Banking Sector Crises and Inequality. Word Bank Policy Research Working Paper, WPS3659, July 2005.

[121] Paul Davidson. Finance, Funding, Saving and Investment. Journal of Post Keynesian Economics, Fall, 1986.

[122] Paul R. Masson. Contagion: Monsoonal Effcts, Spillovers and Jumps Bewteen Mulitple Equilibria. IMF Working Paper, 1998.

[123] P. J . Wallison. Deregulation and the Financial Crisis: Another Urban Myth. AEI Financial Services Outlook, 2009.

[124] Po-Hsuan Hsu, Xuan T. , Yan X. Financial Development and Innovation: Cross-country Evidence. Journal of Financial Economics, 2014, 112 (1):

116-135.

[125] Prasad et al. Effects of Financial Globalization on Developing Countries: Some Empirical Evidence. IMF, March 17, 2003.

[126] Presad, Eswar, Kenneth Rogoff, Shang-Jin Wei, M. Ayhan Kose. Effects of Financial Globalization on Developing Countries: Some Empirical Evidence. IMF Board Document, Washington, DC: International Monetary Fund, 2003.

[127] Qian Ying Yi. Lessons and Relevance of the Japanese Main-bank System for Financial Reform in China. Working Paper, Center for Economic Policy Research, Sanford University, 1993.

[128] Radelet S. , Saches J. The Onset of The East Asian Financial Crisis. Harvard University, 1998.

[129] Rajan, Raghuram G. , Luigi Zingale. Saving Capitalism from the Capitalists: Unleashing the Power of Financial Markets to Create Wealth and Spread Opportunity, Crown Business. Random House, 2003.

[130] Rajan, R. G. , L. Zingales. Financial Dependence and Growth. American Economic Review, 1998 (88): 559-586.

[131] Ravallion Martin. Appraising Workfare. World Bank Research Observer, 1999, 14 (1).

[132] Robinson, J. The Rate of Interest and Other Essays. London: Macmillan, 1952.

[133] Rodrik, Dani. Who Needs Capital-Account Convertibility//Peter Kenen. Should The IMF Pursue Capital-Account Convertibility? Essays in International Finance, No. 207 (Princeton: International Finance Section, Princeton University), 1998: 55-65.

[134] Ronald McKinnon. Money and Capital in Economic Development. The Brookings Institute, 1973.

[135] R. J. Caballero. Global Imbalances and Financial Fragility. NBER Working Paper, No. 14688, 2009.

[136] Sahn, David, Paul Dorosh, Stephen Younger. Structural Adjustment Reconsidered: Economic Policy and Poverty in Africa. Cambridge: Cambridge

University Press, 1997.

[137] Saint-Paul, G. Technological Choice, Financial Markets and Economic Development. European Economic Review, 1992 (36): 763-781.

[138] Salant Stephen W., Dale W. Henderson. The Vulnerability of Price Stabilization Schemes to Speculative Attack. Journal of Political Economy, 1978: 627- 648.

[139] Sampson, Morenoff. Spatial Dynamics, Social Pocesses and Persistence// S. Bowles et al. Poverty Traps. Princeton University Press, 2006.

[140] Schumpeter, J. The Theory of Economics Development. Cambridge, MA: Harvard University Press, 1911.

[141] Sen Amartya. A Sociological Approach to the Measurement of Poverty: A Reply to Professor Peter Townsend. Oxford Economic Papers, 1985, 37 (4): 669- 676.

[142] Shleifer, A., R. W. Vishny. A Survey of Corporate Governance. Journal of Finance, 1997, 52 (2): 737-787.

[143] Solow, Robert M. Technical Change and the Aggregate Production Function. Review of Economics and Statistics, 1957, August (8): 312-320.

[144] Stephen Turnovsky. Growth and Income Inequality: A Canonical Model. Cecilia Garcia-Penalosa, Economic Theory, 2006 (28): 25-49.

[145] Stiglitz, J. Credit Markets and Capital Control. Journal of Money, Credit and Banking, 1985 (17): 133-152.

[146] Stiglitz, J. E. The Role of the State in Financial Market. Proceedings of the World Annual Conference on Development Economics, 1993: 19-62.

[147] Stiglitz, J., Weiss, A. Incentive Effects of Terminations: Applications to Credit and Labor Markets. American Economic Review, 1983 (73): 912-927.

[148] Stiglitz, Joseph. Capital Market Liberalization, Economic Growth and Instability. World Development, 2000, 28 (6): 1075-1086.

[149] Strauss, John et al. Indonesian Living Standards: Before and After the Financial Crisis. Singapore: Institute of Southeast Asian Studies, 2004.

[150] Stulz, Williamson. Culture, Openness and Finance. Journal of Financial

Economics, 2003, 11: 313-349.

[151] Taylor, Lance. Structuralist Macroeconomics: Applicable Models for the Third World. New York: Basic Books, 1983.

[152] Thorsten Beck et al. Finance, Inequality and Poverty: Cross-country Evidence. World Bank Policy Research Working Paper, No. 3338, June 2004.

[153] Thorsten Beck, Asli Demirguc-Kunt, Ross Levine. Law, Endowment and Finance. National Bureau of Economic Research Working Paper, No. 9089, 2002.

[154] Tong Kimsun. Impact of the Global Financial Crisis on Poverty: Evidence from Nine Villages in Cambodia. CDRI Working Paper Series, No. 75, 2013.

[155] Townsend, Robert M. , Kenichi Ueda. Financial Deepening, Inequality and Growth: A Model-Based Quantitative Evaluation. Review of Economic Studies, 2006 (73): 251-273.

[156] Turnovsky, S. J. Fiscal Policy, Elastic Labor Supply, and Endogenous Growth. Journal of Monetary Economics, 2000 (45): 185-210.

[157] Vicente Galbis. Financial Intermediary and Economic Growth in LDCs: A Theoretical Approach. Journal of Development Studies, 1977: 58-72.

[158] Warman, F. , P. Thirlwall. Interest Rates, Savings, Investment and Growth in Mexico 1969-90: Tests of the Financial Liberalisation Hypothesis. Journal of Development Studies, April, 1994.

[159] Weinstein, D. E. , Y. Yafeh. On the Costs of a Bank-centered Financial System: Evidence from the Changing Main Bank Relations in Japan. Journal of Finance, 1998 (53): 635-672.

[160] W. H. Buiter. Lesson from the 2007 Financial Crisis. CEPR Discussion Paper, No. DP6596, 2007.

[161] World Bank. A Better Investment Climate for Everyone: World Development Report 2005. the World Bank Publication, Oxford University Press, 2004.

[162] World Bank. Trade Protect: Incipient but Worrisome Trends, March 2, 2009, http: //siteresources. Worldbank. org/NEWS/Resources/Trade_Note_37. pdf.

[163] World Bank. Armenia：Poverty Update Using Revised Poverty Lines. World Bank Other Operational Studies 2804, The World Bank, 2011.

[164] World Bank. The East Asian Miracle：Economic Growth and Public Policy. New York：Oxford University Press, 1993.

[165] World Bank. Armenia：Poverty Update Using Revised Poverty Lines. World Bank Other Operational Studies 2804, The World Bank, 2011.

[166] Wu Fangwei et al. Unequal Education, Poverty and Low Growth：A Theoretical Framework for Rural Education of China. Economics of Education Review, 2008 (27)：308-318.

[167] Zou Wei, Fen Zhang, Ziyin Zhuang, Hairong Song. Transport Infrastructure, Growth, and Poverty Alleviation：Empirical Analysis of China. Annals of Economic and Finance, 2008, 9 (2)：345-371.

[168] [英] 伊特韦尔等：《新帕尔格雷夫经济学大辞典》，许明月译，经济科学出版社1996年版。

[169] [美] 辛乔利、孙兆东：《次贷危机》，中国经济出版社2008年版。

[170] [美] 罗伯特·希勒：《终结次贷危机》，何云正译，中信出版社2008年版。

[171] [美] 索洛：《对经济增长理论的一个贡献》，《经济学季刊》1956年2月。

[172] [美] 斯旺：《经济增长与资本积累》，《经济记录》1956年11月号。

[173] 谭崇台主编：《发展经济学概论》，武汉大学出版社2001年版。

[174] 郭熙保、罗知：《贸易自由化、经济增长与减轻贫困》，《管理世界》2008年第2期，第15~24页。

[175] 郭熙保、陈志刚、胡卫东：《发展经济学》，首都经济贸易大学出版社2010年版。

[176] 蔡昉、王德文：《外商直接投资与就业——一个人力资本分析框架》，《财经论丛》2004年第1期，第1~14页。

[177] 陈锡文：《资源配置与中国农村发展》，《中国农村经济》2004年第1期，第4~9页。

［178］ 陈立中、张建华:《中国城镇主观贫困线测度》,《财经科学》2006 年第 9
期,第 76~81 页。

［179］ 陈刚:《中国金融发展与城乡收入差距关系的再检验:基于面板单位根和
VAR 模型估计》,2006 年经济发展论坛工作论文,http://www.fed.org.
cn/pub/working paper/ 200694163648781.pdf。

［180］ 陈刚、李树:《金融发展与增长源泉:要素积累、技术进步与效率改善》,
《南方经济》2009 年第 5 期,第 24~35 页。

［181］ 陈晖:《政治与金融发展:利益集团理论及其启示》,《上海金融》2007
年第 12 期,第 21~24 页。

［182］ 陈立中、张建华:《中国城镇主观贫困线测度》,《财经科学》2006 年第 9
期,第 76~81 页。

［183］ 陈志刚:《如何度量金融发展——兼论金融发展理论与实证研究的分歧》,
《上海经济研究》2006 年第 7 期,第 24~31 页。

［184］ 陈宗胜:《关于收入差别倒 U 曲线及两极分化研究中几个方法问题的建
议》,《中国社会科学》2002 年第 5 期,第 78~82 页。

［185］ 大野健一:《东亚的经济增长和政治发展》,《比较》2007 年第 32 期,第
1~10 页。

［186］ 戴维·菲尼:《制度安排的需求与供给》,载 V. 奥斯特罗姆、D. 菲尼、
H. 皮希特:《制度分析与发展的反思——问题与抉择》,商务印书馆 1996
年版。

［187］ 邓红霞、崔建华:《存款保险与银行业稳定性分析》,《经济科学》2003
年第 4 期,第 63~72 页。

［188］ 方福前、张艳丽:《城乡居民不同收入的边际消费倾向及变动趋势分析》,
《财贸经济》2011 年第 4 期,第 22~30 页。

［189］ 范爱军:《金融危机的国际传导机制探析》,《世界经济》2001 年第 6 期,
第 31~36 页。

［190］ 郭宏宝:《财政投资与中国农村反贫困》,《南京财经大学学报》2006 年
第 5 期,第 7~12 页。

［191］ 国家统计局农村社会经济调查司:《中国农村贫困监测报告(2009)》,中

国统计出版社 2009 年版。

[192] 何广文:《从农村居民资金借贷行为看农村金融抑制与金融深化》,《中国农村经济》1999 年第 10 期,第 42~48 页。

[193] 胡鞍钢等:《中国经济增长与减少贫困(1978—2004)》,《清华大学学报(哲学社会科学版)》2006 年 第 5 期,第 105~115 页。

[194] 胡兵、胡宝娣:《经济增长、收入分配对农村贫困变动的影响》,《财经研究》2005 年第 8 期,第 89~99 页。

[195] 胡绍雨:《财政投资对我国农村反贫困影响效应分析》,《农村经济》2009 年第 4 期,第 85~88 页。

[196] 胡祖光:《基尼系数理论最佳值及其简易计算公式研究》,《经济研究》2004 年第 9 期,第 60~69 页。

[197] 雷曜:《次贷危机》,机械工业出版社 2008 年版。

[198] 李苗苗、肖洪钧、赵爽:《金融发展、技术创新与经济增长的关系研究——基于中国的省市面板数据》,《中国管理科学》2015 年第 2 期,第 162~169 页。

[199] 李永友、沈坤荣:《财政支出结构、相对贫困与经济增长》,《管理世界》2007 年第 11 期,第 14~26 页。

[200] 李占风、涂占新、陈妤:《金融危机背景下我国货币政策效应的实证分析》,《经济学动态》2010 年第 9 期,第 75~80 页。

[201] 李海金等:《惠农和社会保障政策:运行逻辑与减贫效应》,《求实》2012 年第 6 期,第 90~93 页。

[202] 李猛:《金融危机下中国经济系统的内外部冲击影响——基于虚实两部门一般均衡模型的研究及模拟测算》,《财经研究》2009 年第 10 期,第 134~143 页。

[203] 陆静、唐小我:《金融发展推动经济增长的理论模式及实证分析》,《管理工程学报》2009 年第 3 期,第 6~11 页。

[204] 陆桂贤、许承明、许凤娇:《金融深化与地区资本配置效率的再检验:1999~2013》,《国际金融研究》2016 年第 3 期,第 28~39 页。

[205] 刘敏楼:《金融发展的收入分配效应——基于中国地区截面数据的分析》,

《上海金融》2006 年第 1 期，第 8~11 页。

[206] 刘穷志：《公共支出归宿：中国政府公共服务落实到贫困人口手中了吗?》，《管理世界》2007 年第 4 期，第 60~67 页。

[207] 刘元春、杨丹丹：《市场失灵、金融危机与现有潜在产出测算的局限》，《经济学动态》2016 年第 8 期，第 4~12 页。

[208] 刘立峰：《4 万亿投资计划回顾与评价》，《中国投资》2012 年第 12 期，第 35~38 页。

[209] 骆祚炎：《我国城镇贫困人口规模再估算》，《财经科学》2006 年第 9 期，第 82~89 页。

[210] 卢峰、姚洋：《金融压抑下的法治、金融发展和经济增长》，《中国社会科学》2004 年第 1 期，第 42~55 页。

[211] 欧阳志刚、史焕平：《中国经济增长与通胀的随机冲击效应》，《经济研究》2010 年第 7 期，第 68~78 页。

[212] 皮天雷：《经济转型中的法治水平、政府行为与地区金融发展——来自中国的新证据》，《经济评论》2010 年第 1 期，第 36~49 页。

[213] 皮天雷：《社会资本、法治水平对金融发展的影响分析》，《财经科学》2010 年第 1 期，第 1~8 页。

[214] 宾国强：《实际利率、金融深化与中国的经济增长》，《经济科学》1999 年第 3 期，第 32~38 页。

[215] 乔海曙、陈力：《金融发展与城乡收入差距"倒 U 型"关系再检验——基于中国县域截面数据的实证分析》，《中国农村经济》2009 年第 7 期，第 68~76 页。

[216] 师文明、王毓槐：《金融发展对技术进步影响的门槛效应检验——基于中国省际面板数据的实证研究》，《山西财经大学学报》2010 年第 9 期，第 38~45 页。

[217] 世界银行：《金融与增长——动荡条件下的政策选择》，经济科学出版社 2001 年版。

[218] 孙翊、王铮：《后危机时代中国财政政策的选择——部门投资政策影响建模与分析》，《财经研究》2010 年第 3 期，第 4~23 页。

[219] 孙伍琴:《论不同的金融结构对技术创新的影响》,《经济地理》2004 年第 3 期,第 182~186 页。

[220] 单豪杰:《中国资本存量 K 的再估算:1952—2006》,《数量经济与技术经济研究》2008 年第 10 期,第 3~12 页。

[221] T. W. 舒尔茨:《制度与人的经济价值的不断提高》,载科斯等:《财产权利与制度变迁——产权学派与新制度学派译文集》,刘守英等译,上海三联书店 1994 年版。

[222] 唐清泉、巫岑:《银行业结构与企业创新活动的融资约束》,《金融研究》2015 年第 7 期,第 116~134 页。

[223] 万文全:《中国收入差距与金融发展关系的实证分析》,《江淮论坛》2006 年第 1 期,第 30~35 页。

[224] 王锦成、卓文:《技术创新与技术创新体系》,《胜利油田党校学报》2000 年第 2 期,第 46~47 页。

[225] 王莉、佘德容:《技术创新与融资模式选择——浙江省创新型中小企业融资模式实证调查》,《浙江金融》2007 年第 7 期,第 61 页。

[226] 王立勇、陈杰等:《对我国 2010 年经济增长率预测准确性的评析》,《经济学动态》2011 年第 3 期,第 25~31 页。

[227] 王志强、孙刚:《中国金融发展规模、结构、效率与经济增长关系的经验分析》,《管理世界》2003 年第 7 期,第 13~20 页。

[228] 王小鲁、樊纲:《中国收入差距的走势和影响因素分析》,《经济研究》2005 年第 10 期,第 24~36 页。

[229] 王有捐:《对目前我国城市贫困状况的判断分析》,《市场与人口分析》2002 年第 6 期,第 14~18 页。

[230] 温涛、冉光、熊德平:《中国金融发展与农民收入增长》,《经济研究》2005 年第 9 期,第 30~43 页。

[231] 魏下海:《贸易开放、人力资本与中国全要素生产率——基于分位回归方法的经验研究》,《数量经济与技术经济研究》2009 年第 7 期,第 61~72 页。

[232] 吴桂华:《后金融危机时期新国际贸易保护主义研究》,《江西社会科学》

2010 年第 6 期，第 65~70 页。

［233］薛莉：《国际金融危机对转型国家的冲击及其应对》，江西人民出版社 2011 年版。

［234］［美］熊彼特：《经济发展理论》，郭武军等译，商务印书馆 1990 年版。

［235］杨俊、李晓羽、张宗益：《中国金融发展水平与居民收入分配的实证分析》，《经济科学》2006 年第 2 期，第 23~33 页。

［236］杨俊、王佳：《金融结构与收入不平等：渠道和证据——基于中国省际非平稳异质面板数据的研究》，《金融研究》2012 年第 1 期，第 116~128 页。

［237］杨汝岱、朱诗娥：《公平与效率不可兼得吗?》，《经济研究》2007 年第 12 期，第 46~58 页。

［238］阎庆民：《建立我国存款保险制度的构想》，《经济理论与经济管理》2003 年第 3 期，第 27~31 页。

［239］姚耀军：《金融发展与城乡收入差距关系的经验分析》，《财经研究》2005 年第 2 期，第 49~59 页。

［240］张全红、张建华：《外国直接投资对我国城镇贫困的影响》，《国际贸易问题》2007 年第 9 期，第 80~86 页。

［241］张二震、任志成：《FDI 与中国就业结构的演进》，《经济理论与经济管理》2005 年第 5 期，第 5~10 页。

［242］张明：《次贷危机的传导机制》，2008 年中国社会科学院世界经济与政治研究所国际金融研究中心工作论文。

［243］张建华：《一种简便易用的基尼系数计算方法》，《山西农业大学学报（社会科学版）》2007 年第 3 期，第 275~278 页。

［244］张军、吴桂英、张吉鹏：《中国省际物质资本存量估算：1952—2000》，《经济研究》2004 年第 10 期，第 35~44 页。

［245］张军、金煌：《中国的金融深化和生产率关系的再检测：1987—2001》，《经济研究》2005 年第 11 期，第 34~45 页。

［246］张军扩：《“七五”期间经济效益的综合分析——各要素对经济增长贡献率测算》，《经济研究》1991 年第 4 期，第 8~17 页。

［247］张学勇，薛志宏：《金融危机、公司特征及调控政策效果——来自中国上市公司的证据》，《经济学动态》2014 年第 5 期，第 84~95 页。

［248］章奇、刘明兴、陶然：《中国金融发展与城乡收入差距》，林毅夫发展论坛工作论文，2003 年。

［249］郑雨：《技术创新与技术范式》，《技术与创新管理》2006 年第 4 期，第 10~15 页。

［250］周济玉：《实施农业银行业务经背战略转型，推进社会主义新农村建设》，《中国金融》2006 年第 11 期，第 14~15 页。

［251］周永涛、钱水土：《金融发展、技术创新与对外贸易产业升级——基于空间计量的实证研究》，《国际经贸探索》2012 年第 4 期，第 90~102 页。

［252］中国经济增长与宏观稳定课题组：《全球失衡、金融危机与中国经济的复苏》，《经济研究》2009 年第 5 期，第 4~20 页。

［253］中国 2007 年投入产出表分析应用课题组：《基于 2007 年投入产出表的我国投资乘数测算和变动分析》，《统计研究》2011 年第 3 期，第 3~7 页。